多くの体験・経験・学びを通じて子どもたちを"最高の未完成へ"

もっと
速く
走りたい！
体育を
好きに
なりたい！

※「マルチ　　　　」とは本来、多種目に取り組むことを意味しますが　　　　　　　　　運動にて行うことを定義していま

を及ぼしていると考えられます。本来、遊びのなかで身につけていく多様な動作や体力などが、日常生活で養われることが少なくなり、現代のそういった問題につながっているとも言われているのです。

本書は、「子どもの心と体の成長をサポートするデータ駆動型マルチスポーツ教室」を運営する慶應キッズパフォーマンスアカデミー（KKPA）によるプログラミングをもとに、特定の競技や動作に特化しない児童期を対象とした「マルチスポーツ※注」を提案していきます。

能力や体力の向上のみなら　体を動かすことの楽しさ」、　が成長することの素晴らし　「多様的な環境のなかでの自　しさ」など、本書を通じて子ど　ちの成長を応援する内容となっ　ります。子どものうちに「完　を目指すのではなく、多くの体　経験・学びを通じて、子どもた　を"最高の未完成へ"ぜひ、この本を持って外で体を動かしましょう！

慶應ＫＰＡのプログラムで多様な運動を楽しもう！

慶應キッズパフォーマンスアカデミー（慶應ＫＰＡ）は小学生を対象とし、多様な運動を通じて体と心に関する能力の成長をサポートするアカデミー。データで自分を「知る」、様々な運動を「やってみる」、その経験をデータによって自分自身やアカデミー生同士で「振り返る」、その理解をもとに「改善する」行動につなげていく、という成長サイクルをもとにしたプログラムを実施している。今回は同アカデミーの立ち上げに関わった方々にその経緯を聞いた。

―慶應ＫＰＡは、慶應義塾大学大学院システムデザイン・マネジメント研究科と慶應ラグビー倶楽部という2つの組織によって運営されています。

神武・・・慶應義塾は創立１５０周年を迎えるにあたって、システムデザイン・マネジメント研究科（ＳＤＭ研究科）とメディアデザイン研究科（ＫＭＤ研究科）という二つの大学院を２００８年に開設しました。そして初等教育のための一貫教育校として唯一存在した幼稚舎に加えて、横浜初等部を２０１３年に開校しました。

世の中は様々なシステムで構成されています。システムとは「ある目的を達成するための複数の要素とその繋がり」とその専門分野では定義するのですが、私が所属しているＳＤＭ研究科は、あらゆるシステムを対象としてそのデザインとマネジメントについての研究教育を行なっています。

例えばスポーツチームもシステムですし、宇宙ステーションや人が住む街もシステムといえます。

和田 康二
慶應義塾大学大学院
システムデザイン・マネジメント
研究科 特任助教
慶應義塾体育会蹴球部（ラグビー部）GM
慶應キッズパフォーマンスアカデミー
運営責任者

太田 千尋
慶應義塾大学大学院
システムデザイン・マネジメント
研究科 特任助教
2019 年・2023 年ラグビーワールドカップ
15 人制男子日本代表
ストレングス＆コンディショニングコーチ

神武 直彦
慶應義塾大学大学院
システムデザイン・マネジメント
研究科 教授

それらをいかに構想して、設計し、実現して運用するのかということの研究や教育を日々行なっています。

―慶應ラグビー倶楽部は一般社団法人であり、慶應ラグビーの強化と共に、スポーツを通じた地域社会貢献を唱えています。

和田・・・慶應ＫＰＡを運営している一般社団法人慶應ラグビー倶楽部（ＫＲＣ）は慶應義塾体育会蹴球部（慶應大学ラグビー部）のＯＢＯＧ会が中心になり、２０１８年に設立されました。慶應大学ラグビー部の現役支援、そのための強化資金獲得や管理が主な設立背景ですが、大学や体育会のリソースを活かした地域貢献事業も活動目的の一つとしています。

２０１３年から２年間、わたしは慶應大学のラグビー部の監督を務めさせて頂きましたが、大学の四年間だけでは、十分に選手のラグビーの能力を上達させられないことを指導しながら痛感していました。

科学的なトレーニングでフィジカルを強化することができても、例えばキャッチやパス、キックといったボールを扱うスキルや状況判断センス、咄嗟の身のこなしなどは大学年代からでは中々伸びない部分です。

その原因は、小さい頃からの運動経験が大きく影響を及ぼしています。日本は幼少期から特定の競技に特化する傾向があり、海外のようにシーズンスポーツで多様な競技を経験する環境が不足しています。また以前のように放課後遊びを通して自然と運動能力が高まる機会も減ってきています。

ラグビーにおいても小学生や中学生年代では体格や走力に勝る子はパスやキックのスキルが無くてもコンタクトやランプレーで活躍できてしまうため、大学や代表などトップレベルでは必要なボールを扱うスキルが十分伸ばし切れていないケースがありますし、逆にサッカーやバスケットボールを小学生、中学生年代に経験をした選手がキックやキャッチ、パスのスキルが高く、結果トップレベルで活躍しているケースも多く見てきました。

もうひとつは慶應大学ラグビー部のグラウンドが位置する横浜市港北区・日吉の地域環境です。まわりを見回すと人口過密な住宅街。子どもたちが自由に走り、ボール遊びができるような広場もほとんどありません。グラウンドを大学ラグビー部が使用していない時間帯に地域の子供たちに解放し、さらにはラグビー部に関わる指導者が多様な運動を体験できるスポーツプログラムを提供することで、子どもたちの成長の一助になるのではないか、さらにはそこから将来ラグビーで活躍する人材が出てきたら理想ではないかと、同じく当時慶應大学のフィジカルコーチとして指導に携わって頂いていた太田さんと話していました。

ＫＲＣ設立を機に、慶應ＫＰＡの構想実現に向けて動き始め、神武教授の協力も頂きながらＳＤＭ研究科とＫＲＣの共同運営の教育研究事業として２０１９年に開校するに至りました。

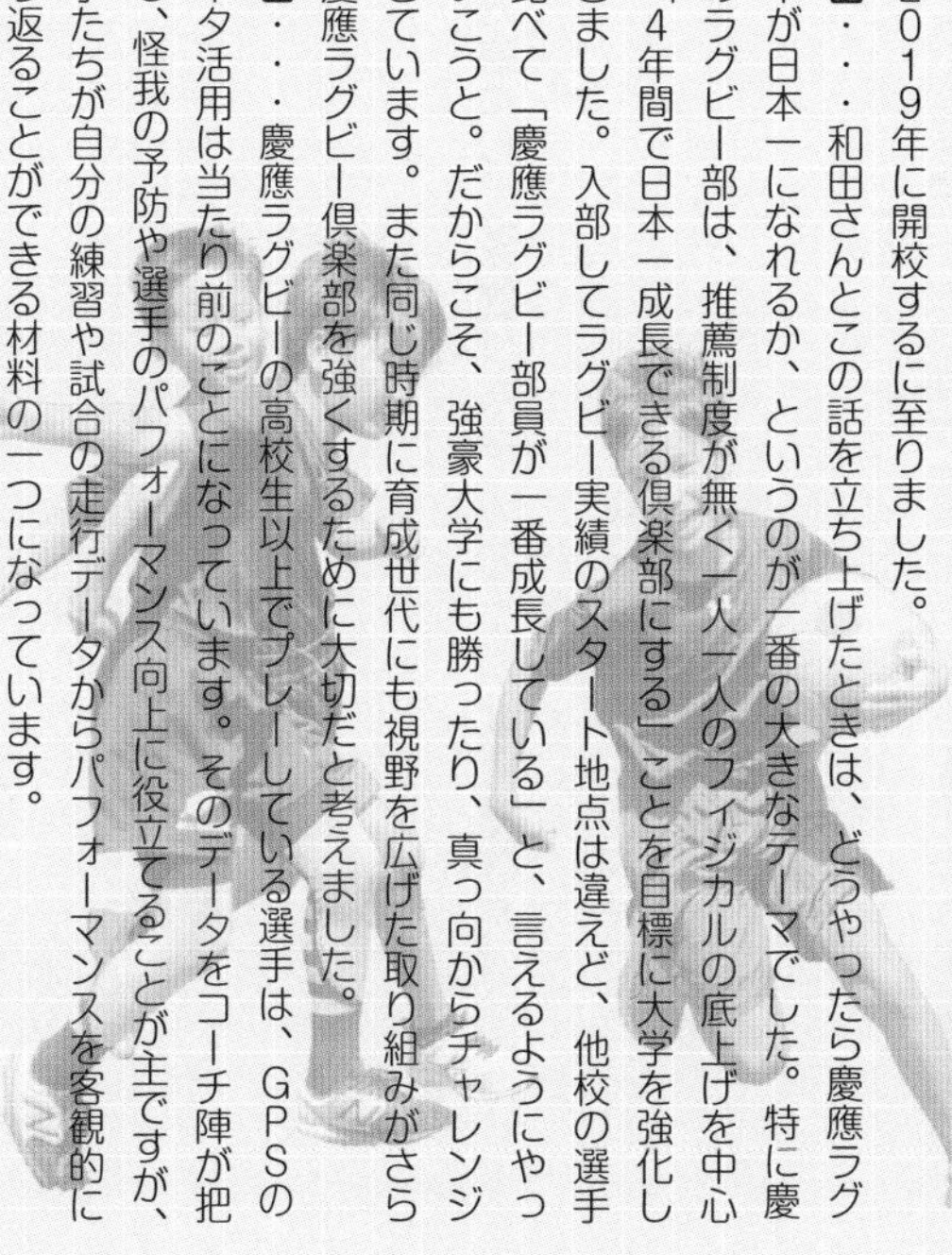

太田・・・和田さんとこの話を立ち上げたときは、どうやったら慶應ラグビーが日本一になれるか、というのが一番の大きなテーマでした。特に慶應のラグビー部は、推薦制度が無く一人一人のフィジカルの底上げを中心に「４年間で日本一成長できる倶楽部にする」ことを目標に大学を強化してきました。入部してラグビー実績のスタート地点は違えど、他校の選手と比べて「慶應ラグビー部員が一番成長している」と、言えるようにやっていこうと。だからこそ、強豪大学にも勝ったり、真っ向からチャレンジできています。また同じ時期に育成世代にも視野を広げた取り組みがさらに慶應ラグビー倶楽部を強くするために大切だと考えました。

和田・・・慶應ラグビーの高校生以上でプレーしている選手は、ＧＰＳのデータ活用は当たり前のことになっています。そのデータをコーチ陣が把握し、怪我の予防や選手のパフォーマンス向上に役立てることが主ですが、選手たちが自分の練習や試合の走行データからパフォーマンスを客観的に振り返ることができる材料の一つになっています。

太田さんと大学ラグビー部を指導した２年間は、主力選手の怪我による離脱を最小限にとどめることができ、結果として２年間連続で大学選手権ベスト４進出という結果に繋がりました。私は現在慶應義塾高校のラグビー部監督も兼務しており、指導2年目ですが、2年間とも大きな怪我人がほぼいない状況で秋のシーズン本番を迎えることができています。

私自身選手の安全が第一ということを信念としていますので、受傷しやすい局面を想定しながら、怪我をしないための体の使い方や体づくりを細かく指導しておりますし、GPSデータや選手の主観データなどを活用して、適正な練習量を決めるなどしております。怪我人が少ないのはこれらの積み重ねの結果だと捉えています。

―太田さんが代表クラスのラグビー選手を見てきた経験から、世界で活躍するトップ選手たちはどのような育成を経てきたのでしょうか。

太田・・・世界のトップと戦うためには、「超一流」がチームに何人いるかというのが大事だとこれまでの国際レベルの試合やワールドカップを見て感じました。足が速いだけでなく、ハイボールが取れるとか、パスがすごく上手いとか、小さくても絡みついて相手を倒すとか、何かプラスワンが必要です。

またどんなにフィジカル的にタフな状況でも自分の持っている技術を発揮するという強い意志を持っています。

では、どうやって「超一流」になれるのかというと、もちろん持って生まれたものもあると思いますが、幼少期の運動体験や運動経験、そしてスポーツをタフな状況を楽しめる気持ちが土台になっているということが考えられます。

強豪国の選手たちは、LTPD（長期選手育成：Long Term Player Development）のシステムが構築されており、ケガの予防から多面的な運動経験を含めたユース・ジュニア育成プログラムが根付いています。

―多様な運動を通じて子どもたちの心と体の成長をサポートするアカデミーとは？

神武・・・私はスポーツが好きなので、JAXAから慶應義塾に転職した際に、スポーツを対象にした研究教育に取り組みたいと思っていたんです。

そこでラグビー部が、怪我の予防や運動能力の効果的な向上のために様々なテクノロジーやデータを活用しているということと、しかしながら、たとえば、GPSによる位置測位の精度が十分ではないということや、それにかけるコストが高いという課題を知りました。

そのような中で、GPSの技術をもっとラグビーで有効活用させたいという方が私たちの研究室に研究員として加わりまして、その方からのご縁で太田さんと出会いました。また、その後にラグビー部の新しいゼネラルマネージャーということで和田さんともご縁をいただくことになりました。

課題に取り組む中で、小学生や中学生を対象にしてデータを有効に活用することでスポーツへの興味を高め、好きになり、自分自身をより客観視できる力をつけることができるプログラムを大学主導で開設することに意味があるのではということで意気投

合し、アカデミーを開設しましょうということになりました。

―アカデミーが掲げる目的とは、どのようなものでしょうか。

神武・・・1つ目は、大学の研究教育に資するという意味で、データを活用して自分を客観視するということを継続することで、対象者の方がどのように成長されるのかという長期的な視野での研究を行うということです。

スポーツクラブにおいて、会員の方が1回限りとか年に1回参加されるというのではなくて、継続的にご一緒いただくことでその成長を追跡することができる。そこは研究として価値のあることです。

多様な小学生に参加していただきたく、定員を超えていなければどなたでも参加いただけるオープンな取り組みです。

2つ目は、和田さんのお話にもあったように、私たちが拠点としている日吉キャンパス界隈では、大きな公園やグラウンドがあまりないので、地域の方にとってラグビー部が普段利用しているグラウンドは価値あるものです。地域貢献という意味でグラウンドを活用いただくことも大切なことだと考えています。

そして3つ目は、取得したデータを有効に活用してコーチングできるコーチの育成です。その人材が世界的にも足りていないと言われています。つまり、アカデミーの目的は研究と地域貢献、人材育成というこの3つに寄与するということです。

―慶應ラグビーとアカデミーの結びつきは

太田・・・小学生や中学生の運動能力を高めて、ラグビー選手を育成しようということではなく、まずは「運動を楽しむ」あるいは「成長を楽しむ」という場をつくることがスタートです。そこからラグビーをはじめてくれるのも良いでしょうし、あるいはほかの競技で活躍してくれる、このような環境づくり、仕組み（システム）をつくろうと考えたのが立ち上げです。

そもそも子どもたちは、体育の授業などで「50m何秒」「立ち幅跳び何m」などと、小さい頃から体力データというものを見たりしています。それがアカデミーにくることで身近になって、頻度も高まることでより興味も増しますし、忘れないうちに頑張ろう、という気持ちになる。

トレーニングには、「オーバーロード」というものがあり、能力を向上させるためには負荷をかける、負荷をかけて回復することでその能力は高まるという原理原則があります。それがどれぐらいの強度なのか、どれぐらいのスピードなのか、感覚ではわかるかもしれませんが、定量的に示すことで「この頑張りだと足りないんだ」や「これぐらいだったらいいんだ」などとわかるようになるんですね。

神武・・・私は大学院教授の立場に加えて、小学校校長を兼務していたことがありますが、「自分で考えて行動して責任をとる」ということをたとえばあ

る日の小学校の朝礼などでテーマにし、その日の夕方の大学院での研究指導の際にも大学院生に伝えたりしました。

自分で考えて行動する能力をつけることは、とても重要でアカデミーのプログラムでは毎回自分がどうなのか、他人がどうなのかということを客観的、また、主観的なデータで示し、自分で考え、行動することにつながる様々な工夫をしています。

―指導者はデータの裏付けとともに、どのようなコーチングを心がければ良いのでしょうか。

太田・・・指導する上でのプログラミングはとても大切な要素です。ハードトレーニングが良いという話を受けて、ただ真似するという方がいますが、そこにいくまでのプロセスが必ずあるわけです。あまりにもハードすぎて、思考力が低下すると判断が低くなったりスキルは低下します。

その状況で練習することが成長につながるか、という部分まで指導者は考えなければならない。その適切なサジ加減を定量的な情報と実際に選手や子どもたちがグラウンドで発揮している、スキルや判断などを見比べながら、コーチは最適な成長する環境づくりをしなければなりません。

―慶應KPAが監修する書籍「マルチスポーツプログラム」とは?

太田・・・慶應KPAは、野球をやる、サッカーをやるという共通の目標ではなく、皆が皆、それぞれの立場で成長しよう、というそれぞれの目的や目標があります。プログラムを遂行するなかでお互いが協力し合うことが大事で、皆が自分勝手にやってしまうと、プログラムは進行しないし、成長も妨げてしまいます。キーワードとして、「みんなで成長」という言葉を掲げながら活動しています。

ラグビー的要素を含めてプログラムを作ることがありますが、それは走って、投げて、蹴って、かわして、ぶつかって、考えて、協力し合う、という多様な経験をひとつの競技でつめる特性があるからです。アカデミーでは、そのラグビーを起点にし、子どもたちでも簡単にできる鬼ごっこやボールゲームなどと組み合わせて、たくさんの刺激を入れることを考えながらプログラムしています。本書はその導入部で「運動を楽しむ」というのが一番の入口だと思います。

神武・・・スポーツは、それをする人が動き出さないと何も始まらない。失敗もするし成功もする。つまり、考えて行動して、責任を取るということを何度も体験できるという特性を持っているので、多くの学びがあると思っています。

アカデミーの修了生が卒業したあとにスポーツで活躍したり、素晴らしい取り組みをしたりという話を耳にします。

そのため、できればこの慶應KPAの考え方やプログラムを言語化して広めていくことは良いことですし、言語化する手段として、書籍にするというのは、我々にとっては意味のあることだと思ってます。

和田・・・神武教授や太田さんと立ち上げた慶應KPAは、廣澤ヘッドコーチをはじめとする多様なコーチ陣も加わり、充実の体制で運営しています。現在、慶應大学ラグビー部にはゼネラルマネージャーという立場で関わっていますが、アカデミー生のなかから将来、慶應ラグビーで活躍してくれる選手が出ればもちろん理想ですが、ラグビーに限らず様々なフィールドで活躍する慶應KPA出身者が出てくると嬉しく思います。

引き続き、地域への貢献はもちろんのこと、本書籍を通して、子どもたちの将来の飛躍につながる「マルチスポーツ型プログラム」の重要性を理解いただき、多様な運動を体験していただきたいですね。

目　次

PART1
マルチスポーツで運動能力をアップ！

現代の子どもたちは運動不足になっている!?

レベルアップ
現状を把握して、どんな問題点があるのか理解しましょう！

「二極化」と「二局化」とは

現代の子どもたちは、活動的な子どもと非活動的な子どもで〝二極化〟し、さらに活動的な子どものなかでも、特定の運動のみ行っている子どもと多様な運動を行っている子どもの〝二局化〟が起きているといわれています。

子どものうちは本人の意思だけではなく、住んでいる環境や保護者の教育方針、経済力など様々な要素から子どもたちの運動習慣も変化していきます。特に体を使った〝遊び〟という部分においては遊び場（環境）や遊び相手の減少・制限、遊び方の変化（ゲームやインターネットなど）によって、身体活動が減少している子どもたちも増えています。

昭和ー平成ー令和と移り変わっていく時代のなかで、昔の子どもたちが日常生活の〝遊び〟で身につけてきた基礎動作や体力が、現代の子どもたちを取り巻く環境の変化によって、当時と比べて大きく変わってきています。

POINT
1

体格は大きくなっていても体力は低下している

現代の子どもたちは栄養価の高い食事などによって、全体的に体格は大きくなっているが、同時に身体活動量の低下している子どもたちにとっては過度なカロリー摂取を伴うこともあり、肥満傾向の増加も心配されている。

POINT
2

“空間” の制限の中で遊ぶ子どもたち

昭和の子どもたちが遊んでいた公園や空き地は時代によって環境が変化している。空き地は遊ぶことができなくなり、公園では様々な制限やルールが設けられているところも多いのが現状だ。ボール遊びができない公園、遊具が撤去される公園などもみられている。

POINT
3

“仲間”と“時間”が足りない子どもたち

放課後の自由な時間に集まって遊んでいた子どもたちは、個人での塾や習い事が増え、友達と一緒に遊ぶ時間が減り、仲間も時間も少なくなっている現状がある。その影響もあり、一日に身体を動かす時間が60分未満の子どもたちが半数以上という報告もある。

プラスワンアドバイス

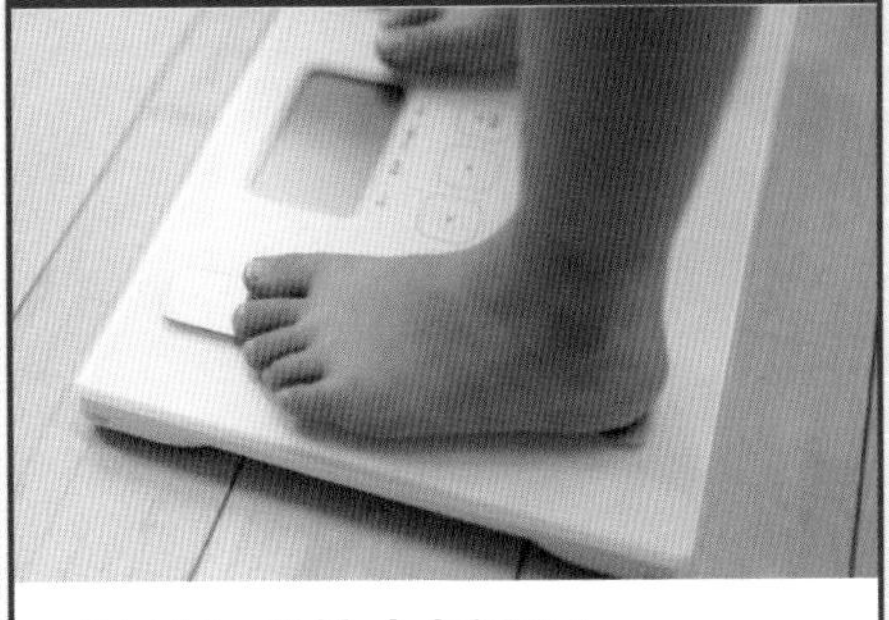

子どもの体力低下は肥満傾向にたどりつく

体力低下は、運動へのモチベーションの低下を伴う。運動する機会が減ることは、体の肥満傾向に拍車をかける。そうならないためにも、運動機会を増やすための環境づくりや取り組みが必須。健康的な日常生活を意識する。

コツ
02

児童期（小学生）がすべき運動

運動神経系が発達するゴールデンエイジに働きかける

レベルアップ

一般的に5～9歳をプレゴールデンエイジ期、9～12歳をゴールデンエイジ期。この時期にどんな運動をすれば良いのかチェックしましょう。

ゴールデンエイジに刺激を与えて10代以降の運動能力アップにつなげる

スポーツで重要な俊敏性や反応力、リズム感、巧緻性（動作の器用さ）など、神経系に関わる能力は、3歳頃から12歳頃までに大きく発達します。この大切な年代は「ゴールデンエイジ」とよばれ、この時期に適切な刺激を与えることで、運動能力のベースがアップすると言われています。

スキャモンの発達曲線によれば、神経系は3歳頃から6、7歳頃にかけて急激なスピードで発達し、12歳頃には80％から90％近くになり、中学生以降で完成を迎えることを示します。骨や筋肉等の一般型の成長は、誕生してから緩やかに伸びていき、小学生以降から成人までにかけて100％の発達をしていきます。

身体の成長過程は、機能や役割によって発達ピークのタイミングが異なるのです。子どもの成長過程を理解することで、運動能力向上に役立てることができます。

POINT 1

強く丈夫な体の土台を形成する

体の発育発達が盛んな児童期は、運動を通じて動作の獲得のみならず、体力の向上や骨の成長などにも大きく関わる。将来、アスリートやスポーツ選手にならなくても、強く丈夫な体の土台を作ることはとても大切だ。

POINT 2

子どもたちの社会性や内面の成長をうながす

アメリカの教育学者であるロバート・ジェームス・ハヴィガーストは「ハヴィガーストの発達課題」として年代ごとに身につけるべき発達課題を提唱している。体そのものの成長も大切だが、児童期には社会性や内面としての成長、いわゆる心の成長も大きく関わってくる。

POINT 3

本格的な筋力トレーニングは次の成長段階で行う

運動＝筋肉を思い浮かべることがあるが、本格的な筋力強化は先の年代でも十分間に合う。児童期には過度な筋力強化よりも、多様な動作の獲得などを優先に行う。筋力トレーニングを行う場合は、自分の体重を負荷にした「自重トレーニング」が良いだろう。

プラスワンアドバイス

児童期に取り入れたい基本動作とは？

児童期に取り入れたい運動の要素としては、「捕る・投げる・支える・回る・押す」など、多くの基本動作があげられる。これら要素を年代に合わせ、色んなシチュエーションやルールで行い、様々な刺激を取り込むことが大切だ。

コツ
03

マルチスポーツプログラムの意義

成長過程のなかで様々な刺激を体に蓄積させる

レベルアップ
運動の先には競技スポーツだけではなく、純粋に体を動かすことの楽しさがあることを理解しましょう。

児童期に行うべき最適な運動は？

マルチスポーツプログラムは、1つの種目のみではなく、多様な運動を取り入れるプログラムです。多様な運動経験や動作獲得を積極的に行いたい時期に、複数の運動を同時期に行うことで、挑戦の幅を広げ、動作や体のバランスを成長させることを目指します。

一方、競技スポーツのような特定のスキルや動作を集中的に行うことも、良いところがたくさんあります。近年言われている「勝利至上主義」は別としても、競い合うことで肉体的・精神的に成長することもあるのです。

動作を反復することで、動作習得に役立ちます。それぞれの良いところを取り入れていくことが大切です。

POINT 1

「やったことがある」という経験を蓄積する

体を動かすことが好きで運動をしてきた人でも、経験をしたことがない動作はうまくできないことがある。人は持って生まれた運動能力の差はあるものの、経験し蓄積した能力は、例え同じ動作ではなくても、感覚的に体が覚えていてできるようになることもある。

POINT 2

競技スポーツにも多様な動きは必要になる

競技スポーツにおいても多様な動作の獲得は大事。競技によっては高いスキルや動作が求められ、無理な体勢や難しいタイミングでプレーしなければならないこともある。専門的なスキルが高くても、それを生かす身体能力が伴わなければその能力は十分発揮できない。

POINT 3

まずは自分の“できる”を見つけることからスタート

様々な運動を通じて子どもたちは自分の“できる”を見つける機会が多くなる。「ボールは下手だけど体操は得意」「直接競うのは嫌だけど1人でやるのは楽しい」など運動だけではなく、自分の内面としても「合う・合わない」を見つけることも体を動かすことの楽しさにつながっていく。

プラスワンアドバイス

非活動的な子どもは動作の経験機会も少ない

完璧に習得したわけではなくても「やったことがある」という体の感覚や経験は、とても重要なもの。非活動的な子どもや単一的な動作のみを行っている子どもは、単純な運動能力や体力はもちろん、体が様々な動作で経験する機会も少なくなっていると言える。

コツ
04

コーディネーション

遊びのなかでパフォーマンス能力を養う

レベルアップ 運動神経＝コーディネーションについて理解しましょう。

7つの能力を鍛えて運動能力を高めていく

コーディネーション能力とは、体の感覚機能や各器官でキャッチした情報を脳内で処理し神経伝達により筋肉を動かし体をうまく操作する能力のこと、といわれます。一般的に使われる「運動神経」という言葉にも置きかえられるでしょう。

この能力は7つの分野から構成されています。タイミングをつかみリズムよく動ける「リズム能力」、自分の体や道具を操る「識別（分化）能力」、異なる動きをスムーズにつなげる「連結能力」、距離間隔や位置関係が把握できる「定位能力」、正確に素早く反応する「反応能力」、安定して体勢を保つ「バランス能力」、状況に対応した動作ができる「変換能力」。

これらを高めるためには、複数の動きを同時に行う遊び的要素のある動作をするのが一番。日常の中でも工夫次第で能力アップができます。

POINT 1

リズム能力やバランス能力は縄跳びやジャンプで高める

リズム能力はスキップや縄跳び、バランス能力はジャンプで越える動作で高めることができる。縄跳びは縄を操作しながらタイミングを合わせ、ヒザや足首の固定の仕方や体軸のつくりかたも自然に習得できる。

POINT 2

ボールを使って識別能力や定位能力をアップさせる

道具を操作する識別能力や物や人との距離感をはかる定位能力はボールを使った運動がお勧め。ドリブルやボール投げでタイミングを取る練習や投げる・捕る、といった動作のなかで体のコントロール力が養える。

POINT 3

連結・反応・変換能力は状況に応じた対応力が養える

連結能力は腕を回しながら走るといった異なる動きで刺激をすることができる。「よーいスタート」の合図への瞬時の反応や、テンポを変えた走りへの対応は動作の反応力や変換能力につながる。

プラスワンアドバイス

コーディネーション能力がアップする外遊び

鬼ごっこや縄跳び、竹馬やめんこ、けん玉、ゴム跳び等の遊びは、コーディネーション能力をアップするのに最適な運動である。様々な動作を楽しみながら高める外遊びを習慣に取り入れよう。

神経の伝達により運動がスムーズに行われる

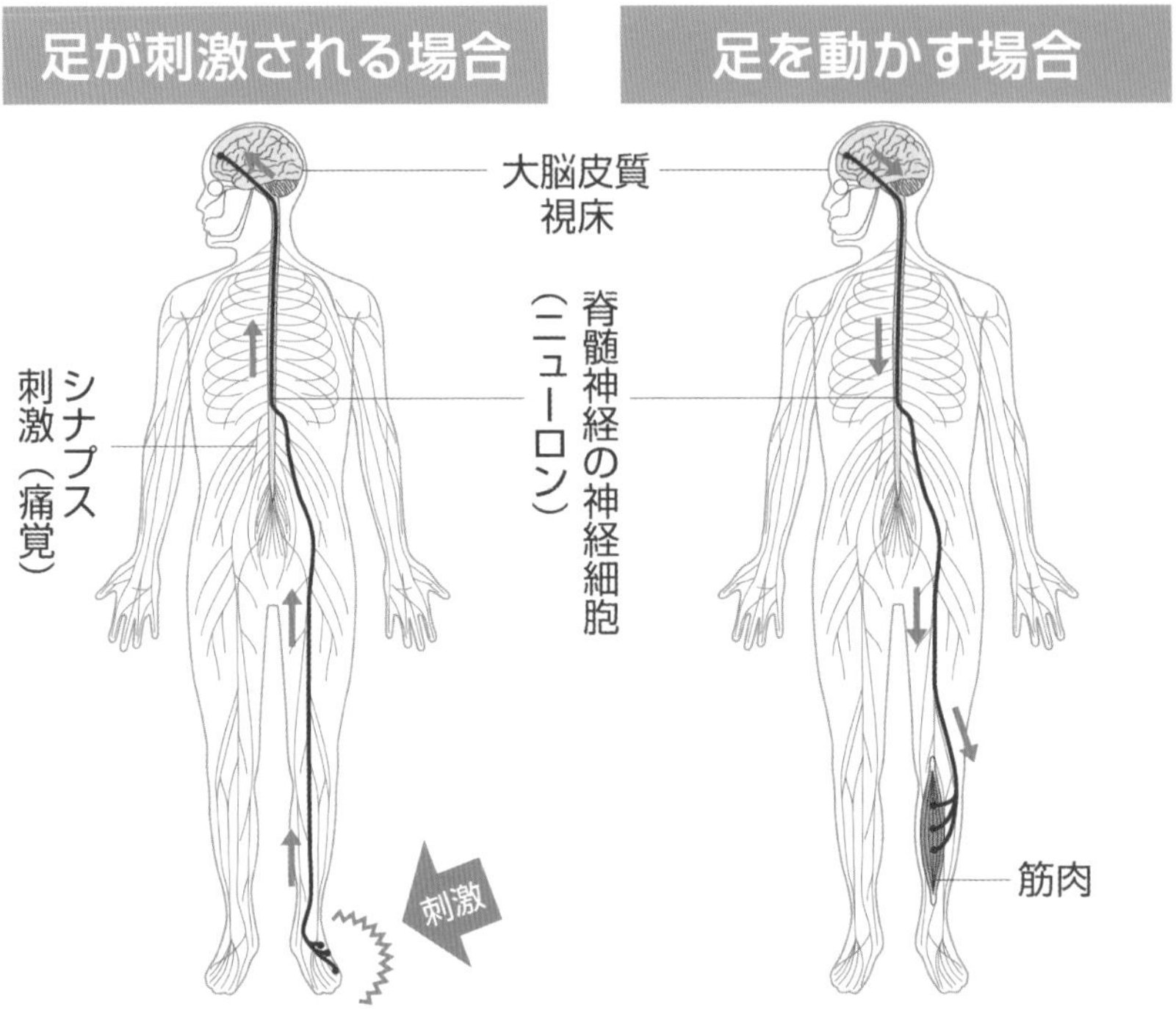
足が刺激される場合
足を動かす場合
大脳皮質
視床
脊髄神経の神経細胞（ニューロン）
シナプス
刺激（痛覚）
刺激
筋肉

レベルアップ 脳の指令が筋肉を動かすことを理解しましょう。

多様な運動をたくさん行うことで脳内のデータが蓄積される

運動は脳からの指令が神経を通して筋肉へ伝わり動作が行われます。神経は体内で網の目の様に張り巡らされ、数多くの細胞や組織に対して連絡を取り合う重要な役割をしているのです。神経は脳と脊髄から構成される中心的役割の中枢神経から、体の隅々にある各器官へ連絡を行う末梢神経へと連携。末梢神経には運動や感覚に関わる体性神経と、臓器の運動に関わる自律神経に分かれます。スポーツをするうえでは、筋肉へ指示を出す体性神経が重要になり、子どもの頃に多くの運動を行い体性神経へ刺激を与えると運動神経が発達していきます。

また、多様な運動をたくさん行うことで、指令を出す脳に、よりたくさんのデータが蓄積されます。どんな動きのときに体をどのように使ったらいいか。経験を重ねるほど、動作に対する引き出しが増えていきます。

POINT
1

運動を習慣にすることで脳がスムーズな動作を記憶する

脳は体を動かすことについて、繰り返し練習をするとその動作のプロセスを学習して記憶するといわれる。運動を一時的ではなく、何度も反復する習慣にすると多様な動きが記憶されどんな動作もスムーズにできるようになる。

POINT
2

遺伝ではなく経験値により運動能力が高まる

速く走る、ステップする等イメージ通りに体を動かすには脳から筋肉へ指令を送る神経が素早く自在に働くことが重要。運動能力は遺伝的なものではなく経験値を高めることにより神経回路が発達して獲得できる。

POINT
3

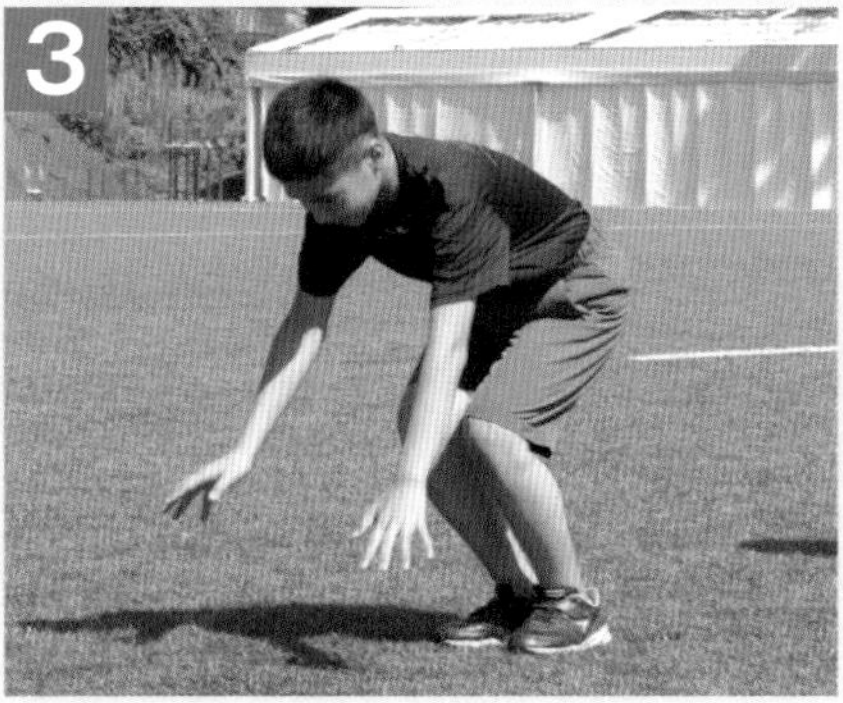

しなやかで強い筋肉は再現性のある動作をつくる

運動で使われる筋肉の骨格筋は全身に約400あるといわれ、神経からの指令で動いている。大きな動作だけでなく、姿勢のキープや関節の安定、衝撃吸収の役割も担う。柔軟性と強さのある筋肉は正確な動きを可能にする。

プラスワンアドバイス

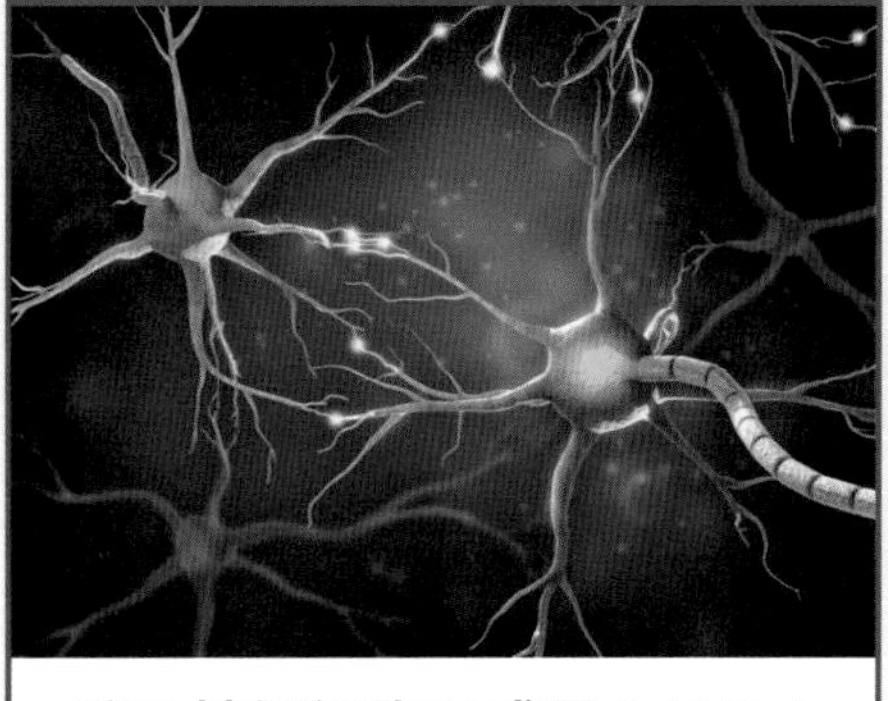

脳の神経細胞を成長させると多くの指令が送れる

脳の神経細胞の数は生まれたときから総量が決まっている。成長すると神経細胞同士のつながりが発達していくのである。つながりが増えると信号を多く送ることができ、神経への伝達も活発になる。

体と心の成長を促すキーワードと仕組みをつくる

●アカデミーの流れ

受付・準備 ← ブリーフィング ← プログラム ← クロージング・片付け

レベルアップ アカデミーのプログラムの流れには、子どもたちが前向きな気持ちで、運動に取り組めるノウハウが隠されています。受付から片付けまでの流れを確認しましょう。

「全力・みんなで成長・ポジティブ」をキーワードに成長を促す

アカデミーでは、身体的成長・内面的成長を促す成長キーワードがあります。それは「全力・みんなで成長・ポジティブ」の3つです。子どもたちにどのように成長して欲しいか、アカデミーがどんな場所でありたいか、どのように成長サイクルをまわすかなど、様々な側面からの仕組みづくりをしていきます。

アカデミーのプログラムでは、グラウンド到着からの自由遊びで始まり、開始時間には子どもたちへの心構えやコミュニケーションをおこなうブリーフィング、運動はアイスブレイクからはじまり、それぞれ目的別の3つのステーション（身体操作・道具操作・出力操作）を3グループに分けてまわります。最後は、総合的なゲームに取り組み、クロージングでは1日のレビューをして終了となります。

POINT 1

全力で取り組むことで体に刺激を与える

一定以上の負荷を与えることで機能が向上するという「過負荷（オーバーロード）の原則」でもあるように、できるできないではなく、全力で取り組むことが、良い意味での体への刺激となり成長を促す。

POINT 2

みんなで成長できる環境をつくる

自分だけが良いではなく、参加している仲間と一緒に環境づくりや思いやりの言葉がけ、教え合う姿勢などを学ぶ。安心安全の場を自分たちでつくり、成長の場をより良いものにしていくことがポイント。

POINT 3

ポジティブな言葉がけでまわりも元気にする

上手にできないことや気持ちが下がってしまったときなど、未来志向（前向き）に気持ちが向くことが大切。「次はうまくいく」「君ならできる」「あと少し頑張る」など自分もまわりも元気にする言葉がけを心がける。

プラスワンアドバイス

共通の言葉や認識を持って指導する

指導者自身も共通言語や共通認識をお互いに持つことで一貫した指導ができる。子どもたちに対しての声がけについても、子どもたちが迷わず取り組めるよう注意する。

コツ
07

年代や発育・発達に合ったプログラムにする

レベルアップ 子どもたちは大人と同じ指導方法では、なかなか上達しません。子どもに適した指導方法とプログラムを学びましょう。

コーチングで意識する3つの要素と適したプログラムとは

アスリートが行うような細かいドリルや部分練習は、経験が少ない子どもたちにとってはイメージしにくいものです。意図が伝わらなければ運動効果は半減してしまいます。

子どもたちへのコーチングやティーチングで意識することは3つです。「目から入る情報」「耳から入る情報」「イメージができる情報」を意識して指導することが大事。年代や発育発達に合わせた言葉がけやプログラミングが大切になってきます。

プログラムを作成するときは、「参加する子どもたちの年代」「年代に合わせたその日のゴール設定と最終的なゴール設定」「参加する人数」「プログラム時間」「子どもたちが実際に動いている頻度（ワークレート）」「指導ポイントやルール・安全面の設定」「子どもたちから見たモチベーションが上がる内容（楽しい）になっているか」などをチェックし、指導につなげていきます。

POINT 1

目と耳、イメージから情報を取り入れる

大人なら言葉で伝わることでも、子どもたちは様々な情報から総合的に理解している。「目から入る情報」「耳から入る情報」「イメージができる情報」を意識することがポイント。「分からない」で取り残される子どもがいないようにしっかり伝えることが指導者の役割。

POINT 2

運動をする上で2つの「楽しい」を意識する

「運動をするうえで楽しいこと」の1つ目は、プログラムや運動そのものが楽しいこと。2つ目はできなかったものが上手になったり、勝負に勝つことができて楽しいこと。特に体を動かすことが楽しいという経験を子どもの時代にすることは、大人になってからの運動習慣につながる。

POINT 3

最終的なゴールを考えてプログラムをつくる

プログラムでは必ず最終的なゴールからブレイクダウンして、その日のプログラム内容を決定する。ゴールを設定すると目的がはっきりし、指導ポイントやズレも生じない。「今できていない」が問題ではなく、「できるようにならない」ことが問題となる。

プラスワンアドバイス

「できるようになる」ための縦の段階と「できた」ときの横のフェーズを明確にする

子どもたちができないことをできるようになるためには、プログラムの順番（段階）と頻度が重要。できない子どもが、どの段階でつまずいているのか理解し、まず1段を上がることを目標に指導する。上がりきった子どもは完成ではなく、より上手になるために精度を高め磨いていく。

コツ
08

成長の可視化

子どもたちの運動での「全力」を可視化する

レベルアップ
コーチの主観ではなく、定量的で客観的なデータを使用することで自身の成長を可視化することができます。

ほかの人と比較するのではなく過去の自分と戦う

アカデミーでは、「全力」のキーワードを可視化するため、GNSS（GPS）データを用いて成長サイクルのシステムづくりをしています。毎回のアカデミーでは、ビブスにデバイスを取り付け、その日の「運動時間・運動量・最高速度・最大加速度」を測定し、即日、保護者にデータフィードバックを送ります。

特に「全力度」という言葉を用いて、最高速度と最大加速度という2つの数値が「今までの自分の最高値に対して、その日何%の数値が出ているか」を出していきます。

ほかの人との比較ではなく、毎回、自分の記録と戦い、95%以上を記録した子どもたちには表彰を行います。成長を感覚のみではなく、定量的に理解することで、プログラムの設計や指導はもちろん、子どもたちの行動変容につなげていく取り組みができるようになります。

POINT 1

次の成長につなげていくことがデータを使用する意義

アカデミーではデータを「自己成長の可視化」として使用している。例えば、足が速い子と遅い子がいて、遅い子が成長していても、まわりが成長すれば、自分の成長を感じることができない。“速い”と“遅い”の基準でなく、自分が成長していることを理解する。

POINT 2

成長のサイクルを生み出す

測定項目の１つに「移動距離」がある。これは走ったり、歩いたりを含む純粋な運動量。その日の１番になるために子どもたちは、グラウンドを休みなく走り回る。データを測定によって、自分の課題を知り、課題に取り組もうとすることで工夫することを考え、結果を知ることで自分の成長を理解するという、サイクルを生み出す。

POINT 3

「頑張り」を可視化することでモチベーションをアップ

人に勝つという「結果」ではなく、自分が「頑張ること」が数値になり「頑張ること」を人に認めてもらうことが大事。それが子どもたちのモチベーションや行動変容につながる。頑張りを認められることで工夫が生まれ、成長を促すことが可能になる。

プラスワンアドバイス

データは取るだけでなく活用して意味がある

データは取ることが目的ではなく、活用してはじめて価値を生む。データを活用する先を考えて、伝え方や活用の仕方を工夫して、プログラミングに取り入れることで、子どもの行動変容につなげていく。

コツ 09

アイスブレイク

心と体の緊張をほぐして運動をスタートする

レベルアップ

ここからはKKPAの運動プログラムで体を動かしてみましょう！アイスブレイクはアカデミーで取り入れられている心と体の準備運動です。

体と心のウォーミングアップで笑顔で運動をスタート

ここからは実際に体を動かすプログラムに入っていきます。プログラムの最初は「アイスブレイク」です。体と心のウォーミングアップとして、笑顔から始められる取り組みを開始していきます。

また、アイスブレイクで普段話したことのない子と一緒に運動したり、チームで取り組んだりすることで、仲間との絆も深めていきます。難しすぎず、時間をかけ過ぎずにできるものを設定すると良いでしょう。

実施する際には、1回目は練習、2回目は本番、3回目は真剣勝負など5-10分程度で楽しめるようプログラミングを行います。

POINT 1

運動前の体にスイッチを入れる

アイスブレイクでは体を適度に動かしながらスイッチを徐々に入れていく。軽運動から開始することで怪我の予防や子どもたちのその日の体調などを確認する場でもある。

POINT 2

「楽しい」から始まる運動

運動が得意な子も苦手な子も、体を動かすことの楽しさからプログラムに入る。はじめて参加する子や参加を渋っていた子でも、気持ちがポジティブに変わることもある。その後のプログラムが充実した時間になるような雰囲気作りは指導する側にとっても大切。

POINT 3

子ども同士、子どもと指導者のコミュニケーションを促進する

子どもたち同士や指導者とのコミュニケーションとしても大切な時間。子どもたちとの双方向のコミュニケーションだけではなく、話を聞く姿勢や取り組み方もこの時間を通じて整えていく。

プラスワンアドバイス

安全面を考慮して指導を行う

プログラム内容や環境によって起こり得ることを想定し、子どもと指導者共に共通認識を持っていることが大切。子どもは集中すると予期せぬ行動を起こす場合もある。「起こる可能性がある危険」と「起こってしまってはいけない危険」を常に認識して準備をする。

コツ 10

ドーンじゃんけん

ダッシュから減速して相手とじゃんけんする

難易度 ☆☆★

人数 4～6人

3回程度

ルール

約 20 mの間隔に置いたコーンに2チーム（各 2～3 人程度）に分かれて、相手チームのマーカーに先にタッチすることを競うゲーム。双方向から走ってきたもの同士でじゃんけんをして、勝ちは進む、負けは戻る、として勝ち負けを競う。

レベルアップ

競い合うことで、全力で目的に向かってダッシュをしていき、減速して、切り返して戻ってくるというスポーツでもおこなう動作を自然に発生させることができます。

ドーンじゃんけんのコート

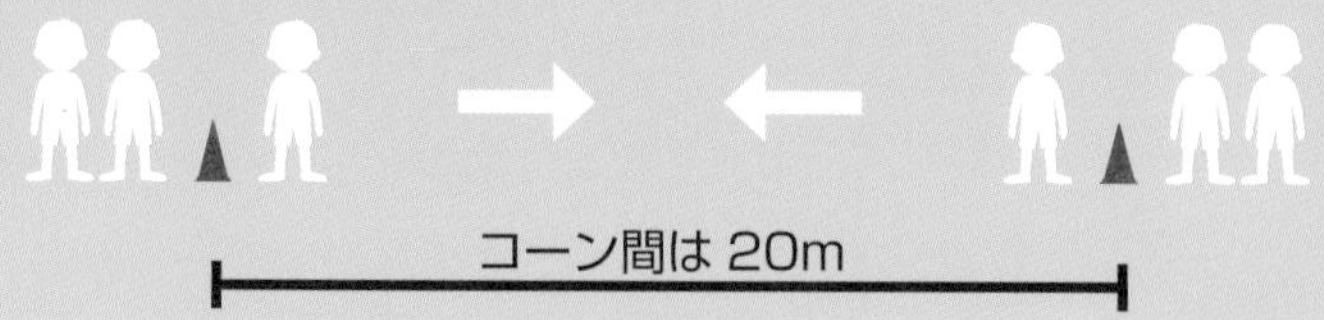

ドーンじゃんけん

! 体がぶつからないよう注意する

1

相手陣のコーンを目指してスタート！

2

相手とぶつからないよう減速し、両手同士を合わせてタッチ。

3

タッチしたら「ドーン！」と声に出し、相手とじゃんけん。

4

勝った方はそのまま前に進み、負けた方は自陣コーンに戻って列の後ろに入る。

POINT

自チームの人が負けたら、次の人はすぐにスタート。

5

次の相手とじゃんけんする。

6

相手陣のコーンまでたどりつき、タッチしたチームが勝利となる。

コツ 11

ビンゴ競争

走りながら頭を使って競争する

2チームに分かれ、マーカーを持つ。

ルール 15～20mの間隔に置いたコーンに2チームで分かれる。コーン間の真ん中に9マスのマット（何でもOK）を置き、それぞれのチームに3枚のマーカーを渡し、先頭から3人が1枚ずつ持つ。マスの中にマーカーを置いて先に"ビンゴ"したチームが勝利。

レベルアップ 体を動かしながら頭を使うことは、スポーツの上達には欠かせない要素。チームで競うことで、戦術的な要素や相手との駆け引きが必要になります。マスのなかのどこにマーカーを置くことがベストか、考えながら瞬時に判断する思考力も養いましょう。

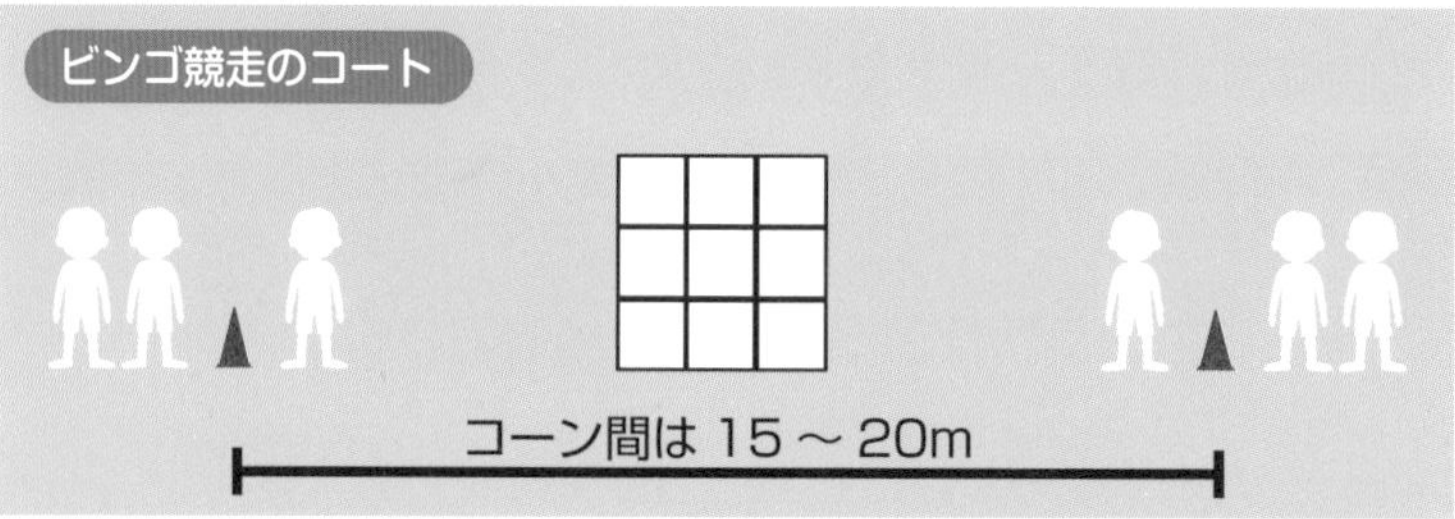

難易度 ☆☆★

人数 4～6人

3回程度

ビンゴ競争

中間に置かれた９マスの正方形。

できるだけ速く走ってマーカーを置く。

マーカーを置いたらすばやく自陣に戻り、
タッチして次の人がスタート。

マーカーをどこに置けばビンゴが
完成するか考えて走る。

相手のビンゴを邪魔する場所に
置くことも有効。

先にビンゴを完成させたら勝利。

POINT
頭を使いながら状況を判断する。

コツ
12

マーカー返し

腰を落として視野を保ちすばやく移動する

10m × 10m 程度のスペースにマーカーを 10 個ほど配置する。マーカーは半分ずつ表（山型）裏（皿型）にしておく。

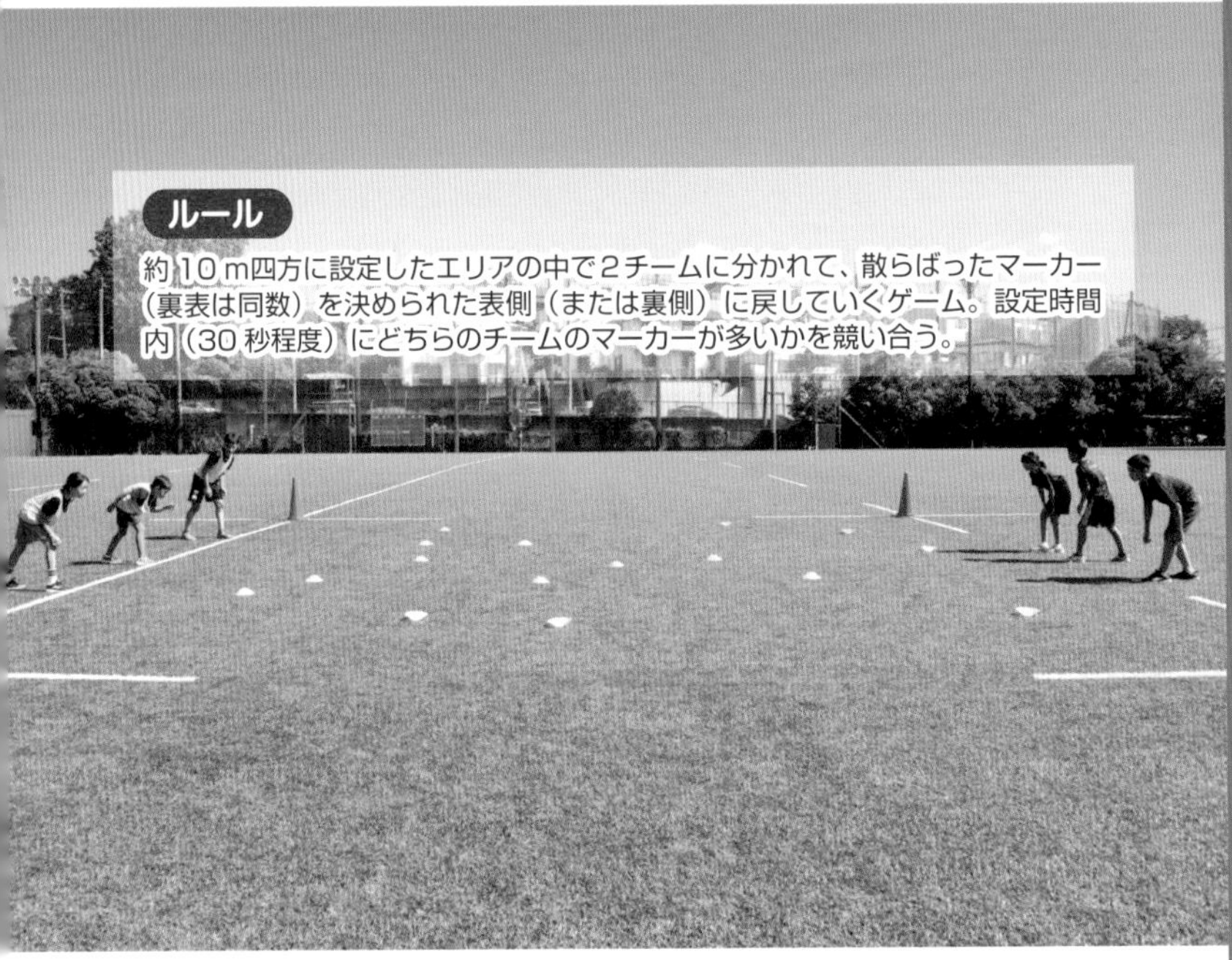

ルール

約 10 m四方に設定したエリアの中で２チームに分かれて、散らばったマーカー（裏表は同数）を決められた表側（または裏側）に戻していくゲーム。設定時間内（30 秒程度）にどちらのチームのマーカーが多いかを競い合う。

レベルアップ

腰を落としながら移動して、高低する動作や視野の広さを養います。すばやく移動してマーカーにアプローチし、目線が大きく上下したり、動きが大きくならないよう注意。エリアを分けるなど、効率よくマーカーを返すことができるよう仲間と声で連携しましょう。

難易度 ☆☆★

人数 6〜10人

3回程度／30秒

マーカー返し

1

合図と同時にゲームがスタート。

2

表（山型）のチームは、裏（皿型）になったマーカーをすばやく返していく。

3

POINT
ひっくり返せるのは1枚ずつ

腰を落としながら視野を保ち、次のマーカー位置にすばやく移る。

4

相手の邪魔をしたり、続けて同じマーカーを返さないなど約束事を決めて行う。

5

子ども同士がぶつからないよう、人数に応じたマーカー数やコートの広さで行う。

6

ゲームが終了。マーカーを返した数が多い方が勝利となる。

コツ13

リアクションゲーム

耳から入った情報ですばやく体を動かす

難易度 ☆☆★

人数 2～4人 3回程度

ルール

自分の腕の長さの下にマーカーを置き、指導者の合図に合わせたリアクションを行う。最終的にはすばやくマーカーを取ったものが勝利となる。

指導者の合図に合わせて動作する。

レベルアップ

スポーツのシーンでは、味方の指示や審判の笛などにすばやく反応しなければなりません。耳から入った情報をすばやく判断し、動作につなげていくことが大切です。ここでは、入ってきた情報と体の動作が瞬時に一致するようなリアクション動作を養うことができます。

リアクションゲーム

1

手拍子でリズムをとりながら耳を傾ける。

2

「耳」という情報に対して、すばやく両手で耳をさわる。

3

「お尻」という情報に対して、すばやく両手をお尻に置く。

4

「ヒザ」という情報に対して、すばやく両手をヒザに置く。

5

ランダムな指示の後、地面にあるマーカーは全員での争奪になる。

6

頭がぶつからないよう両足の位置は動かさない。

コツ 14

輪っかくぐり

全員で手をつないで輪っかをリレーする

難易度 ☆☆★　人数 4～8人　3回程度

1 全員が手をつないだ状態からスタート。

2 手をつなぎながら 2m 前後（フラフープも可）の輪っかのなかに体を通す。

3 不自由な体勢でも体を巧みにコントロールしてクリアしていく。

4 最後の選手がクリアしたら終了。逆周りやチームを分けて対戦ゲームにしても良い。

レベルアップ

輪っかのなかに体をくぐらせることで、手をつないだ不自由な状態でも体を自在にコントロールしましょう。仲間と手をつなぐことで、チームのコミュニケーションの促進をはかります。ひとつのことを達成することで「チームビルド」を体感することも狙いです。

PART2
体を自在に操る力を身につける

コツ
15

体操力が高いとどうなる?

体を自在に操る体操力を身につける

レベルアップ

体を自在に動かすことができれば、スポーツにおいて活躍のシーンが広がります。スポーツでは、自分が思い描いたイメージを、しっかり体をコントロールして出せるかが求められるからです。ここから解説する「体操力」とは、体操のスキルをマスターするのではなく、「体を操る力」を身につけることをテーマにしています。

思い描いたイメージ通りに動作してパフォーマンスをアップ!

スポーツにおいて、思い描いたイメージ通りに体が動き、プレーできることが成功のカギを握ります。相手からのプレッシャーや肉体的な疲労を乗り越えて、ベストなパフォーマンスを発揮するためには「体を操る力=体操力」の有無がポイントになります。

決められた動きのみならず、とっさの動きでも体を自在に安全に動かせる能力は大切です。コーチの指導や上手な人の真似から入ることはもちろん、動作する子どもが自分のフォームを客観視することで、自分の思い描いたイメージと実際の動きをすり合わせすることも必要になってきます。

POINT 1

上達スピードに関わらず 体操力はスポーツに必要になる

体操力はスポーツで上達するための基本動作。目から入る情報をすぐに動作に移せる子どもは、一度見ただけでうまくできてしまう。苦手な子どもは、上達が遅くても、あとで本格的なスポーツをはじめたときに、その経験が生きてくる。

POINT 2

頭にあるイメージ通り 動作できているかチェックする

例えば自分では上手にやっているつもりでも、ビデオを撮ってみたときに全然違う動きをしていることに気づく。体を自在に操るということは、頭にあるイメージと動作をしっかりつなげることが大事。主観と客観のすり合わせを意識して行う。

POINT 3

子どもの能力に 応じたドリルを行う

上手にできない理由はひとつではない。成長段階においては、できる子とできない子の差が大きいのが体操力。そのときに持っている能力によって上達スピードも違ってくる。エクササイズを行う際は、そのドリルが子どもの能力にあっているか考える。

プラスワンアドバイス

「縦の段階」と「横のフェーズ」を意識したプログラム

子どもたちに運動プログラムを提供するときは、「縦の段階」と「横のフェーズ」を意識する。「縦の段階」とは、基本から応用へと進むプロセス。「横のフェーズ」とは回数を重ねていく上でスキルや精度をあげていく要素。ただ単に同じことを繰り返すのではなく、その都度、目的やテーマを持ってプログラムに取り組む。

コツ16

きれいなアーチを目指してブリッジをつくる

ブリッジ①②

難易度 ☆☆★　人数 1人　3回程度／10～15秒

1

ブリッジ①

POINT
支柱になる手と足を
力の入りやすい場所に置く。

スタートは手を耳の横にして、お尻の近くにカカトを置く。

2

「腰だけ折れている」「股関節が動いてない」「お尻が上がらない」などに注意し、腕から背骨、足の先までがきれいなアーチを描けるようにする。

レベルアップ

まずは、体全体を使ってきれいなアーチを描くブリッジをつくりましょう。体がかたい子どもは、その箇所（肩・背中・股関節など）を個別にストレッチなどしてほぐし、きれいなブリッジ＝トータルアーチを目指しましょう。

ブリッジ②

1 きれいなアーチができるようになったら次の段階にチャレンジ。

2 床についている手と足の間隔を近づける。

3 目線は手と手の間をキープする。

レベルアップ

体が柔らかい子どもは、次の段階にチャレンジします。床につく手と足の位置を近づけて、より高いアーチをつくります。ブリッジしているところを写真などに撮って、フォームを確認しながら取り組んでみましょう。

コツ +α

ブリッジ③

動作をつなぎ合わせブリッジをつくる

難易度 ☆★★

人数 1人

左右3回程度

顔を地面に向けて、両手と両ヒザをついた状態からスタートする。

両腕を伸ばし、片足となって体を支える。

レベルアップ

ブリッジというひとつの動作だけでなく、別の動作をつなぎ合わせて体で表現します。片足と片手になるため、体を支持する点では負荷がアップし、動作を通じてボディバランスを整えられるかが大切です。

3 片手と片足で体を支えながら、体を回転させて上げていた足を地面につける。

4 片手を背面に伸ばす。

POINT
スムーズに体(たい)を入れ替えてバランスをキープ。

5 片手を地面について両手両足で支柱をつくる。

プラスワンアドバイス

正しいフォームを導く声掛けを心がける

　手や足を着く位置、目線などが違うだけでも、上手に体を動かせないことがある。指導者は、子どもたちが上手にできるポイントを理解し、適切なタイミングで声掛けすることがポイント。

6 ブリッジを完成させる。

コツ 17

両足・片足で逆立ちに段階的にチャレンジする

逆立ち①②

1 両手と両足を地面につけてスタート。

POINT
目線は手と手の間に置く。

2 両腕を伸ばし、体を支える。

3 足があがっているときは、「三角の山の形」を意識する。手と足が遠いと上に足があがらない。

4 手と手の間の目線をキープして行う。頭が手の中に入ってしまうと、バランスが崩れて後ろに転がってしまう。

レベルアップ

逆立ちができない子どもに対して、最初から完成形を求めることはできません。最終的な逆立ちに導くための「山登り」のイメージで、段階的にフォームを整えていきます。最初は両足、次に片足というようにプロセスを踏んでいくことが大切。逆立ちができる子どももより正しいフォームを意識できます。

難易度 ☆☆★
人数 1人
5～10回程度

逆立ち②

1
両手と両足を地面につけ、片足をやや後ろに引いて構える。

2
両手で体を支えながら、片足を後ろに伸ばす。

3
ある程度の高さまで足をあげたら、片足を地面につけ、地面を蹴って足をあげる。

4
常に手と手の間の目線をキープして行う。

5
さらに足を高くあげる。

6
徐々に逆立ちの最終系に近づく。

レベルアップ

準備段階でしっかり体を支えられていること、手と手の間の目線、空中での「三角の山の形」ができるようになったら、次の段階に進みます。地面を両足で蹴っていたところを片足にして行います。どちらの足でも構いませんが、やりやすい足で行うと良いでしょう。

コツ +α

逆立ち③

足の高さをあげて最終形の逆立ちをつくる

難易度 ☆★★ 人数 1人 5〜10回程度

1

両手と片足を地面についた状態で構える。

2

片足で地面を蹴って、できるだけ「三角の山形」をつくる。

レベルアップ

逆立ちを最終形に近づけていきましょう。片足キックの力を強め、足の高さをどんどんあげていくと、自然に逆立ち＝倒立の形になっていきます。前ページからのプロセスや注意点を意識してきれいな逆立ちを目指しましょう。

3 蹴り足を先行する足に沿わせるように高くあげる。

4 地面から垂直になったところで、両足をまっすぐキープする。

プラスワンアドバイス

スタートポジションから手と頭の位置を崩さない

逆立ちのプロセスで共通して言えるのが、スタートのポジションから手と頭の位置を崩さないこと。足が高くあがってくると、頭が腕の間に入ってしまい、後ろに倒れてしまう。ヒジを曲げず、手と手の間に目線をキープする。

コツ 18

ロール①②

タイミングを合わせて脚を開いてジャンプする

難易度 ☆★★

人数 2人

30秒程度

ロール①

1 適度な距離で二人が向かい合って立つ。

2 片方が前転の準備に入る。

3 タイミングをはかって、転がってくる相手の近くで踏み切る。

4 空中で両脚を大きく広げる。

5 両足で着地する。

レベルアップ

「跳ぶ」「前転する」という動作の連結を続けて行います。簡単な高さであっても、転がってくる人を飛び越えるには、勇気も必要でタイミングが重要です。前転してくる相手との距離をはかり、ギリギリのタイミングで脚を開いて跳ぶことができるようチャレンジしていきましょう。

ロール②

1
片方が前転の準備に入る。
2
タイミングをはかって、転がってくる相手の近くで踏み切る。
3
空中で両脚を大きく広げ、両足で着地する。
4
ジャンプした方は振り返って前転の準備、前転した方は立ち上がってジャンプの準備に入る。
5
前転に対して、腰を落としてジャンプの体勢に入る。
6
空中で両脚を大きく広げ、両足でジャンプ。
7
両足で着地する。
8
振り返って前転の準備。

レベルアップ

次の段階では、前転とジャンプをペアが交互に行います。ペアができるだけ体格差がないようにすることも大切です。前転する人はできるだけ小さくなってまわることがポイント。最初はゆっくり、徐々にスピードをあげて行います。回数ではなく30秒に時間を設定して行いましょう。

コツ +α

ロール③④

跳び方を変えて股関節内のさまざまな筋肉を使う

難易度 ★★★

人数 2〜3人

30秒程度

ロール③

1 三人が適度な距離で立つ。

2 真ん中の子が前転し、奥の子がジャンプ。

3 着地したらすばやく前転に入り、手前の子がジャンプする。

4 空中で両脚を大きく広げる。

5 両脚で着地する。

6 着地したらすばやく前転に入り、奥の子がジャンプする。

7 空中では脚を大きく開き、前転する人もできるだけコンパクトにまわる。

8 着地したら前転に入る。

レベルアップ

次の段階では、三人でロールを行います。動きが複雑になるので、最初はゆっくり動きを確認しながら行い、徐々にスピードアップしていきます。人数が増える分、連続した動作が求められるので、指導者は体格差や運動能力の差に注意しましょう。

ロール④

1 適度な距離で二人が向かい合って立つ。

2 片方が胸の前で手を合わせて棒状となって回転する。

3 タイミングをはかって、転がってくる相手の近くで踏み切り、両脚を揃えて高く跳ぶ。

4 両足で着地する。

5 着地したらすばやく横になり、体を棒状にして元いた方向に転がる。

6 転がってくる相手の近くで踏み切り、両脚を揃えて高く跳ぶ。

7 着地したらすばやく横になり、転がる準備。

8 転がってくる相手を両脚を揃えて跳び越す。これを30秒繰り返す。

レベルアップ

転がる方が横になるロールは、体をまっすぐにして棒状になることがポイント。ジャンプする方は、脚を開かずに揃えたまま、できるだけ高くジャンプすることで股関節内の別の筋肉にもアプローチしましょう。最初はゆっくり行い、慣れてきたらスピードアップし続けて30秒間、行いましょう。

コツ 19

アニマル運動①②

動物の動きを真似して体全体の動きを高める

難易度 ☆☆★

人数 1人

5〜10m程度

四つんばいになって片手と片足を交互に動かす。

POINT
体幹で体を支えながら、股関節内の筋肉を使って足を動かす。

動作中は、体を安定させて手と足を使った「4つ足」で動いていく。

レベルアップ

アニマル運動は、体の連動性や協調性を高めるトレーニング。球技スポーツなどのウォーミングアップなどにも取り入れられているように、手や足、体全体を使って運動するためのスイッチを入れることができます。スピードよりもフォームを意識して取り組むことでエクササイズの狙いに沿ったスキルを獲得できます。

クモ

1

手と足で体を支え、
背面動作を行う。

2

両手と両足を地面につけ
て交互に動かし、足先の
方向に進む。

3

背筋やお尻、モモの裏の筋肉を
使いながら体を動かしていく。
進行方向を頭の方に変えて行う
ことも有効だ。

コツ +α

アニマル運動③④

正しいフォームで狙った筋肉を動かす

難易度 ☆☆★ 人数 1人 5〜10m程度

ダック

1

腰を落とし、両足首を両手で持ってスタートする。

2

足首の可動域が出るように、できるだけギリギリまでカカトをつけて行う。

3

カカトとお尻をなるべく近い状態で動かす。

4

ツマ先立ちだと可動域が広がらない。お尻があがってしまうのもNG。

POINT
スネが垂直のままだと足首の角度が出てこない。

ワニ

1

クマよりもヒジを曲げて、地面スレスレのところで動作する。

2

「左足を出したときには、右手が出る」ような対角線上（ダイアゴナル）の動きになる。

3

骨盤を動かすための股関節内の筋肉の協調性が大事。

POINT

「スピード→正確さ→強さ」の優先順位で行う。

4

姿勢を維持しながら、正しいフォームで行う。

コツ 20

リズムに合わせて体を操作する

リズム運動①

難易度 ☆☆★

人数 1人

30秒程度

指導者が離れたところで手を叩いたり、音楽を流したりしてリズムをとる。

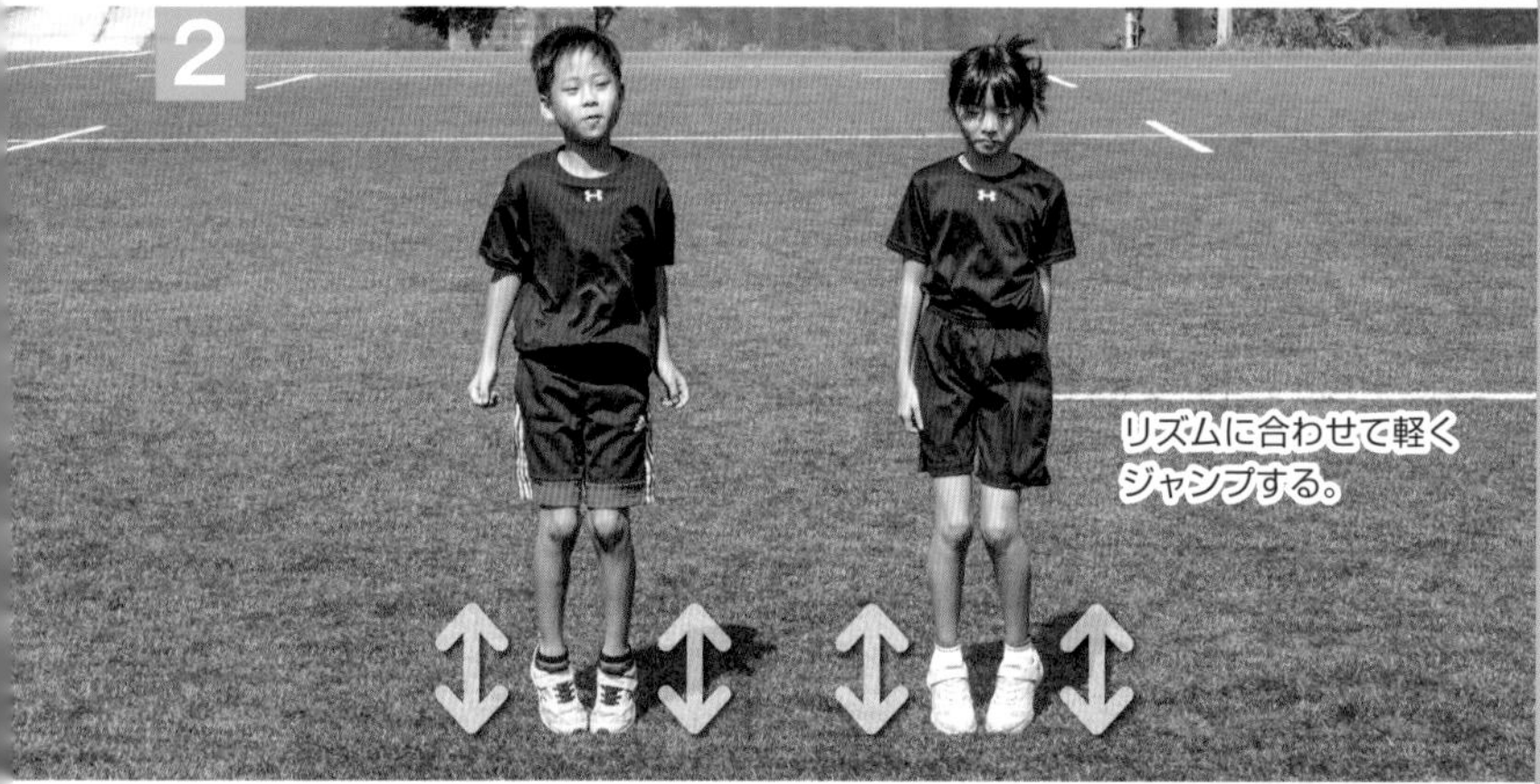

リズムに合わせて軽くジャンプする。

決まったリズムの中で、自分の動作をコントロールする。

レベルアップ

スポーツでは「リズム」が大切です。例えば走ることもリズムが関わり、「トントントン」という走りの理想のリズムに対して、再現性があるかどうかが求められます。球技でいえば、あえてリズムを変えて相手をかわす、抜くという場面も出てきます。まずは、決められたリズムの中でしっかり体を操作できるか、チャレンジしてみましょう。

グー・チョキ・パー

1 リズムに合わせて軽くジャンプする。

2 指導者の「パー」という指示に対して、足を開いて着地。

3 続けてリズムに合わせてジャンプする。

4 指導者の「チョキ」という指示に対して、足を前後に開いて着地。

手つき

1 リズムに合わせ、手を真上にあげて軽くジャンプする。

2 指導者の「チョキ」という指示に対して、肩に手を置き、足を前後に開く。

3 リズムに合わせ、手を真上にあげて軽くジャンプする。

4 指導者の「チョキ」という指示に対して、手を肩に置き、足を前後に開く。

コツ +α

リズム運動②

スピードを意識してリズミカルに動作する

難易度 ☆☆★

人数 1人

10～20m程度

ケン・ケン・パー
1
円の中に閉じた両足で入る。

ジャンプして両足を開く。

2
ジャンプして両足を円に入れる。

3
ジャンプして両足を開く。これを繰り返す。

4

レベルアップ

サッカー選手をはじめとするフィールド競技の選手たちは、ラダーなどでアジリティ(スピード＆クイックネス)を鍛えています。細かいステップ動作や足の入れ替え、方向転換、スピードの減速などがプレーの精度に関わるからです。ここでもリズミカルに動作することを意識して体を動かして行きましょう。

前後ステップ

1 片足を円に入れてスタート。入れた足を後ろに引く。

2 次の円にもう片足を入れ、後ろに引く。

3 交互に足を入れ替え横に進む。

4 リズムよく動作する。

手つき前後ステップ

1 片足を円に入れてスタート。両手をあげる。

2 次の円にもう片足を入れ、両肩に手をつける。

3 足を入れ替え横に進みながら、手をあげる。

4 リズムよく動作する。

全力度シート

がんばった内容をシートに書き込もう！

がんばった度合いを○△×で評価しよう

○・・・がんばった　△・・・もう少し　×・・・次はがんばろう

ブリッジ（P42～）							
逆立ち（P46～）							
ロール（P50～）							
アニマル（P54～）							
リズム（P58～）							

運動した日付を○に書き込もう！

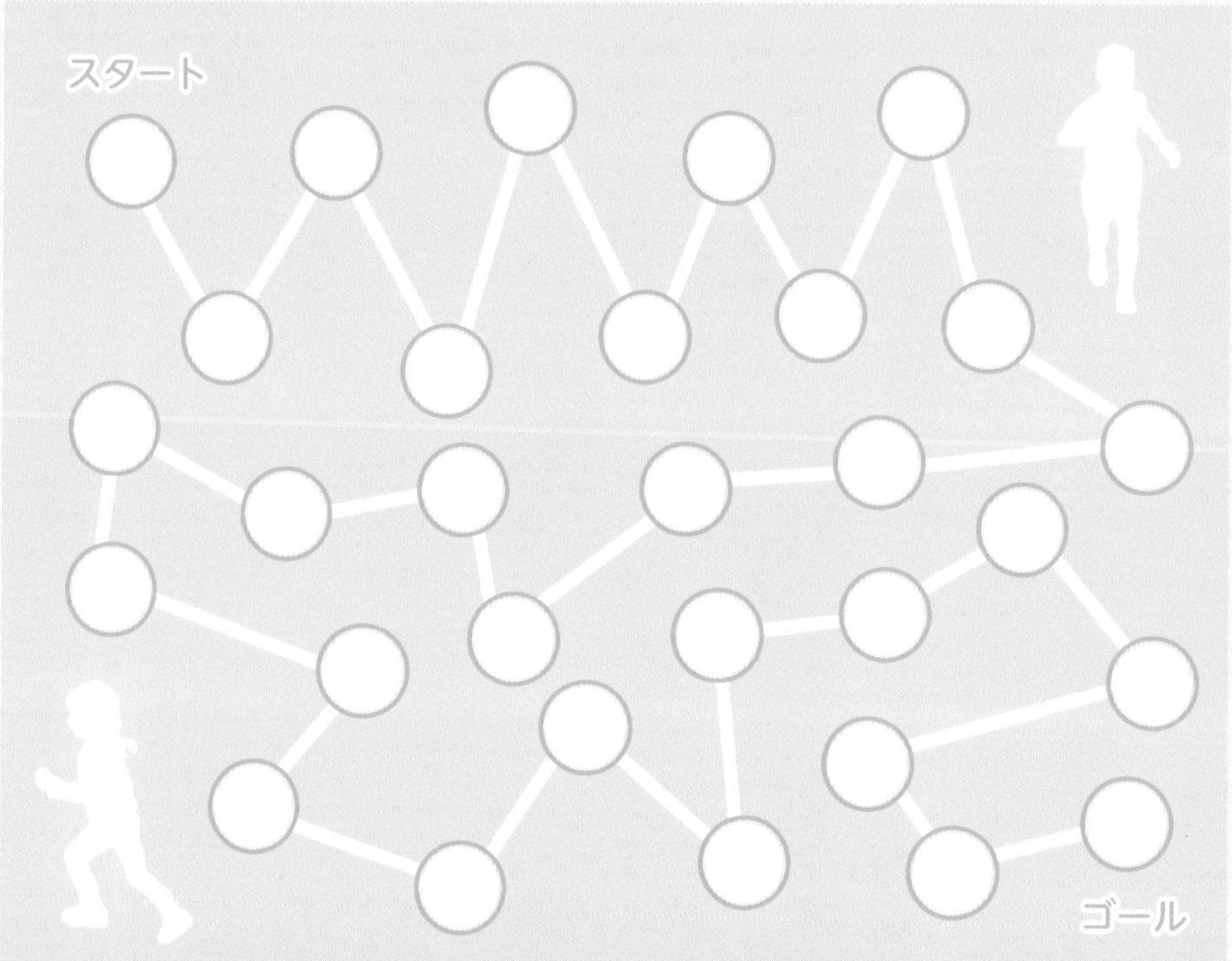

PART3
出力操作を高めて走力をアップする

コツ21

出力操作が高まるとどうなる？

動作を切り取り段階に分けて身につける

レベルアップ

「足が速い」ということは、スポーツをする上で大きなアドバンテージを握ります。競技の特性によって、求められる「走力」は違いますが、ここからは走力アップのエクササイズに取り組んでいきます。

走力全体が高まると あらゆる場面で活躍できる

ほとんどのスポーツで必要となる能力である走力。「出力」を操作することは速い走りや減速、曲がるなど様々な走力を生かす動作において重要となります。

また、時にはボールを持って走るなど、あらゆる状況でも必要となる能力です。小さいうちは大きく体を使うことを覚えていき、年代が上がるにつれ、より動作を洗練させていく指導をおこなっていきましょう。

走力の基本的な動作を切り取り、それぞれに必要な要素を段階に分け、子どもたちの走力の洗練化につなげていきます。指導においてもいくつかのイメージしやすいキーワードなどを用いて共通言語にすることで、指導を分かりやすく進めていきます。

POINT 1

完成形＝ゴールをイメージしながら動作する

メカニカルな動きでは、形そのものが目的となってしまうことが多々ある。一連の動作の中にポイントがあることを忘れずに、ぎこちないロボットのような動きにならないことが大切。

POINT 2

動作をひとことで表す共通言語を使う

例えば体をまっすぐにするときは「スティック」、モモをあげたときは「7の形」をつくるなど、子どもたちが体の状態をイメージし、すぐに取り入れられる分かりやすいワードを使うことも指導の助けとなる。

POINT 3

伸びしろを明確にしてチャレンジする

ただ50ｍのタイムだけを見て「頑張れ」と励ましても、走力はなかなか伸びない。最初のスタート姿勢や加速、スピードを維持するフォームなど、子どもたちの伸びしろがどこにあるかを明確に伝えていくことがポイント。

プラスワンアドバイス

速く走るにはまず「速く走ろうとすること」

走力となるとフォームなどのメカニカルなところに視点を持っていきがち。しかし、速く走るためには、そもそも「速く走ること（全力で走ること）」に慣れていくことが大前提となる。取り組み方が変わってくる。

コツ 22

スティック

空方向にまっすぐ力を入れて伸びる

難易度 ☆☆★

人数 1人

10～20m程度

レベルアップ

まずは走っているときの正しい姿勢を理解しましょう。「まっすぐ立つ」と言っても腰が反ったり、お腹が出たり、力の入れ方がわからない子どもがいます。指導者が横からフォームを見たり、空に向かってまっすぐ伸びていく力が入った状態であるか、頭を軽くおさえてチェックします。

姿勢の確認

身長が一番高くなる状態を目指して、まっすぐ立つ。

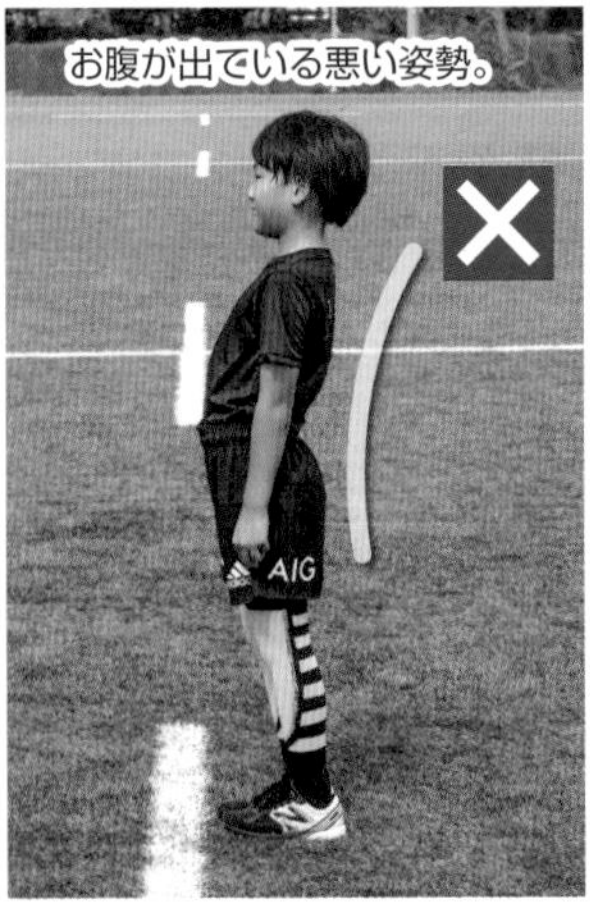

お腹が出ている悪い姿勢。

腰が曲がっている悪い姿勢。

指導者が頭を軽くおさえ、これに抵抗するようにグッと伸びていくと力の入れ具合がわかる。

スティック

1

正しい姿勢である棒状（スティック）になって準備。

2

リズムに合わせて、前方向に両足を揃えてジャンプで進む。

3

できるだけ棒状をキープして跳ぶ。

4

慣れてきたらスピードをアップ。

5

足のバネや地面の反発を上手に使って前に進む。

6

×

着地したときにヒザが曲がると
スティックが崩れてしまう。

コツ
23

スキップ①

体を大きく使ってスキップする

難易度 ☆☆★
人数 1人
20m程度

両足のスティックから片足のスキップの段階に入る。

できるだけ体を大きく使って上方向にスキップする。

レベルアップ

スキップはより走りに近い動作。上方向への片足ジャンプになるので、地面の反発を受けて「数字の7」を脚でつくることを意識します。この後の本格的な走りにつなげていくためには、ここで「7」の形がしっかり出せるようフォームを確認しておきましょう。

スキップ①

1

スキップをスタートする。

2

できるだけ大きな動きを意識する。

3

「数字の7」を脚でつくることを意識する。

4

片足の接地でも地面の反発を受けて跳ぶ。

5

上方向に大きくスキップ。

6

足が後ろに流れないよう注意。

コツ +α

スキップ②③

手の振りと足の動きを推進力にする

難易度 ☆☆★

人数 1人 20m程度

手つきスキップ
1
腕を大きくまわしながらスキップをスタート。
2
後ろから前に大きくまわす。
3
腕の推進力を上手に使う。
4
足をしっかりあげて「7」の形をつくる。

レベルアップ

前に進むための効率的な走り方は、足を地面につく力やタイミングだけではありません。上半身や腕の力も上手に用いて、効率的かつ効果的な走りにつなげていきます。体の「上と下」の連携にも大いに役立ちます。

ダッシュ & スキップ

1 スタートの構えからダッシュする。

2 全力で走る。

3 目印を越えたらスキップに変更する。

4 ダッシュで得た加速をできるだけ維持しながらスキップ。

5 腕の振り、足のつき方、あげ方で前方向への推進力を意識する。

6 足をしっかりあげて「7」の形をつくる。

コツ
24

ももさげ

「7」の形をつくってすばやく足を入れ替える

難易度 ☆☆★
人数 1人
20m程度

1
まっすぐ立つ姿勢になる。

2
片足を腰の高さまであげる。

3
横から見て「7」の形をつくる。

4
逆側も同様に行う。

レベルアップ

「ももさげ」は、その場で行う足踏みからスタートします。スティックで解説したまっすぐ立つ姿勢から、足をあげて「7」の形をつくります。ももをさげるときは、できるだけ速く足を入れ替えて逆の足で「7」をつくることを意識しましょう。慣れたら前方に進みます。

ももさげ

1
まっすぐ立つ姿勢からスタート。

2
片足をあげて「7」の形をつくる

3
足をおろすと同時に
逆足をあげて「7」
の形をつくる。

4
足の入れ替えのスピードを意識する。

5
慣れてきたら前方向に進む。

6
常に「7」の形を意識して行う。

×

×

体が前傾したり、腰が
反ってしまうのはNG。

コツ 25

スタート

スタートで力が入る形を身につける

難易度 ☆☆★

人数 1人

5~10m程度

立ち姿勢からスタート
1
まっすぐ立つ姿勢からスタート。
2
ヒザに手をつき、体を前傾させる。
3
腰の高さを変えずに片足を後ろに引き、両腕もそれぞれ前と後ろに構える。
POINT
足の前後幅は、ヒザをついたとき逆の足がカカト付近にくる。

レベルアップ

スタートの合図やプレー中の動き出すタイミングで、いかに力強く足が踏み出せるかが、その後の加速に大きく関わります。ここではアジリティ要素も加えて、いくつかのスタートの形を学んでいきます。

うつ伏せからスタート

1 両手の上にアゴを置いてうつ伏せになる。

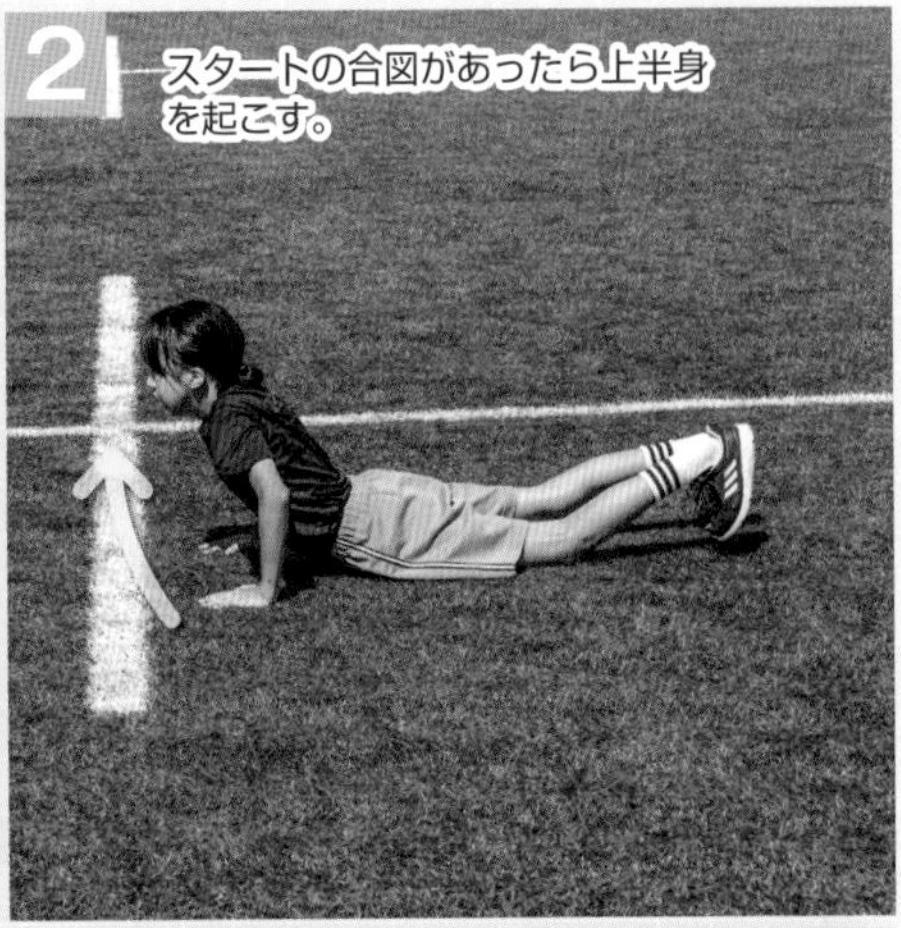

2 スタートの合図があったら上半身を起こす。

3 腕を伸ばしてさらに体を起こす。

4 片足を前に出してスタートの形をつくる。

5 後ろ足を前に引き寄せて歩幅をつめる。

6 前傾姿勢から力強く地面を蹴ってスタート。

進行方向に背を向けてスタート

1 足を伸ばして座り、両手を胸の前で合わせる。

2 スタートの合図ですばやく動き出す。

3 両足を引き寄せて立つ準備。

4 立ちながら方向転換。

5 お尻をあげて立つ。

6 前傾姿勢から力強く地面を蹴ってスタート。

7 加速してスピードをあげる。

プラスワンアドバイス

どんな体勢からも
すばやくスタートを切る

瞬時に跳び出せる陸上のスタートの形だけでなく、あらゆる体勢からスタートできる技術を身につける。そのためには、すばやく体を動かし、力の入りやすい足幅と重心が低いスタートの形をつくることが大事。

コツ 26

両足ジャンプ

力強く地面を蹴ってパワーを上手に伝える

難易度 ☆☆★ 人数 1人 5回程度

1
まっすぐ立つ姿勢からスタート。
2
その場でジャンプ姿勢
腕を上に大きく
振りあげる。
3
ヒザを曲げて腰を落とし、
重心をさげる。
4
上方に跳びあがるようにヒザと腰を伸ばす。

レベルアップ

出力は、走る上での加速に大きく関係します。ジャンプは出力を高める動作として、地面を力強くキックするコツを理解することができます。ここでは立ち幅跳びのジャンプを行いますが、足だけで跳ぶのではなく、体全体のリズムを意識して、上手に力が伝わるタイミングを学びましょう。

その場でジャンプ姿勢（別アングル）

腰を落として前傾姿勢をとる。

腕を上に振りあげる。

立ち幅跳び

前傾姿勢をとって跳ぶ体勢に入る。

腕を上に振りあげてから、
ヒザを曲げて腰を落とす。

腰を落として前傾姿勢をとる。

腕を伸ばして
さらに高く。

ヒザを伸ばして
上方に伸びる。

両足で着地する。

両足で強く踏み切り、腕も大きく
振りあげる。

前傾姿勢をキー
して、前方向に推
進力を出す。

コツ 27

8秒ラン

目標の地点まで全力で駆け抜ける

難易度 ☆☆★

人数 1人

8秒間全力走

1 8秒ラン

指導者はスタートの合図後、大きな声で「1、2、3」とカウントし、8まで続ける。

2 一列に並んでスタートの構え。

レベルアップ

スプリントではどの年代においても、スタートから6秒前後で自分の最高速度に到達することが分かっています。約6秒で自分の最高速度に到達し、残りの2秒を減速しないように頑張って走ることを繰り返していき、到達距離を伸ばす＝スプリント能力の向上を目指します。

3 スタート直後は前傾姿勢で力強く跳び出す。

4 徐々に姿勢が起きあがり、トップスピードに入る。

5 できるだけスピードを維持し、大きめのストライドで走る。

6 50m 地点の前後に目印を置き、8 秒でどこまで走ったか確認する。

全力度シート

がんばった内容をシートに書き込もう！

がんばった度合いを○△×で評価しよう

○・・・がんばった　△・・・もう少し　×・・・次はがんばろう

スティック（P66 ～）							
スキップ（P68 ～）							
ももさげ（P72 ～）							
スタート（P74 ～）							
両足ジャンプ（P77 ～）							
8 秒ラン（P80 ～）							

運動した日付を○に書き込もう！

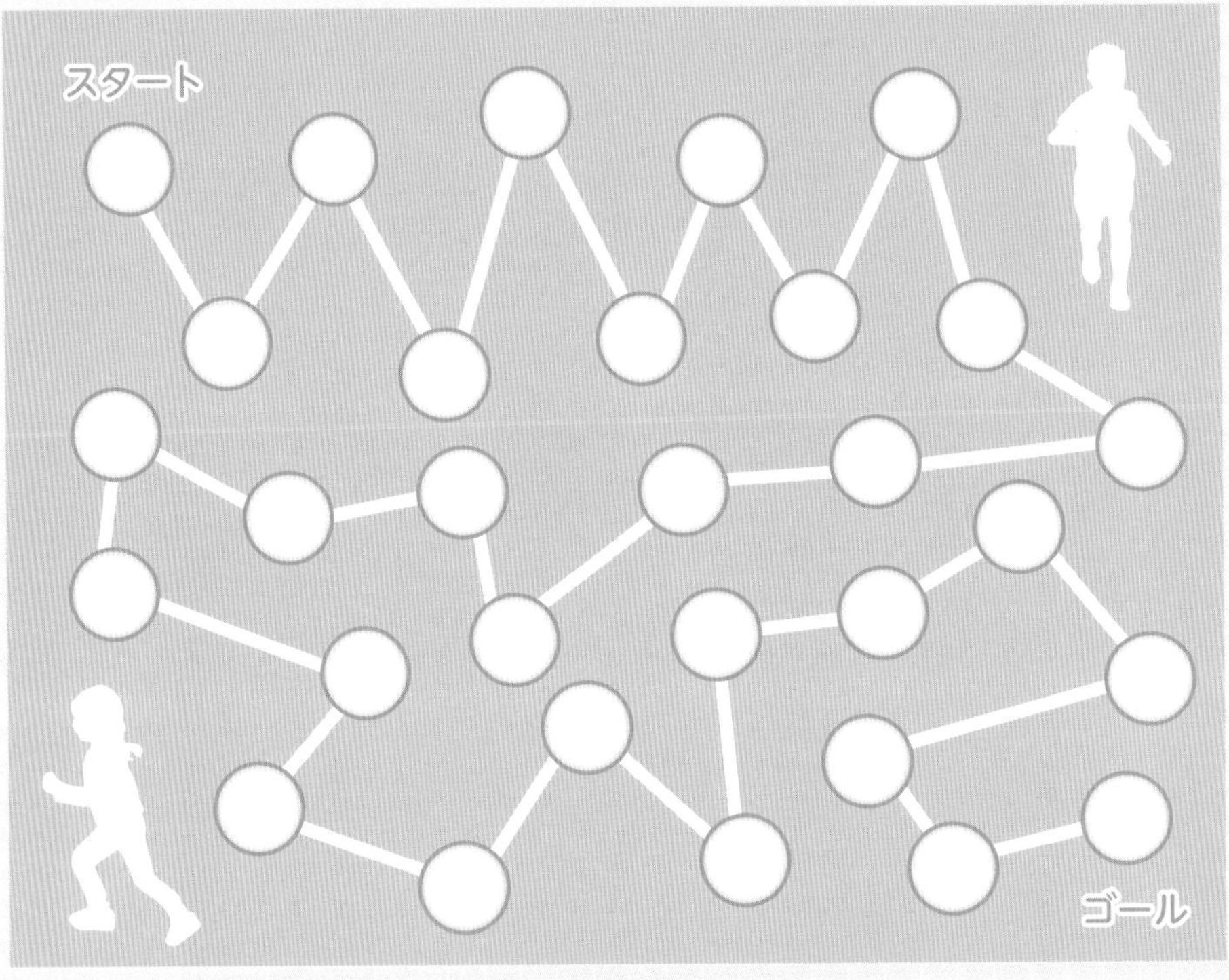

PART4
道具を操る
能力を高める

コツ 28

道具を操る能力とは？

ボールとの距離感から道具を操る能力をつける

レベルアップ
どんなスポーツでも経験があるか、ないかでスキルのレベルに違いがでてくる。バットやラケット、クラブなどの道具を使う際のベースとなる能力を養う。

ボールを使って距離感を身につける

スポーツにはボールを操ることはもちろん、道具を使ってプレーする種目があります。例えば野球のバットやグラブ、テニスやバドミントン、卓球などのラケットなどです。これらを操るためには、幼少期から感覚を身につけることが近道と言われますが、まずは、ボールに対する距離感をしっかりつかんでおくことが大切です。

ここからはボールを使ったエクササイズを中心に解説していきます。まずはボールに対しての距離感やハンドリング操作を身につけることからはじめましょう。その結果、バットやラケットを持ったときにでもボールに対して自然にコンタクトできる能力を養います。

POINT 1

ボールを使って投げる、捕るが基本

「投げる、捕る」は、もっとも基本となる道具を使う動作。ボールを巧みに扱うことができれば、他の競技で道具を使ったときでも、ある程度、対応できる能力が身についている。逆にその能力がないと上手にボールにコンタクトできない。

POINT 2

キャッチ＆パスの能力を段階的にアップ

投げる、捕るについての能力も段階を経て、スキルアップしていくことが大事。最初はその場で、動かずに捕って、投げる。次に動きながらのキャッチ、パスと発展していくことでハンドリングやボールに対しての距離感を磨く。

POINT 3

味方とパスを交換してさらにスキルを高める

徐々にボールを扱うことができるようになると、簡単なゲームにも取り組むことができる。少ない人数でもパスやキャッチを交換することで、よりスキルを高めていく。このとき味方の位置や相手との距離感なども把握してプレーできると、さらに段階が先に進む。

プラスワンアドバイス

幼少期から道具に慣れて巧緻性を高める

ゴルフのクラブやバドミントンやテニス、卓球などのラケットには、微妙でより手の感覚に近いタッチが求められる。幼いころから、これらの道具に親しみ巧緻性をアップすることは、競技力の向上につながると言われている。

コツ
29

真上投げ①

体を大きく使ってボールを投げる

難易度 ☆☆★

人数 1人

5分程度

腰を落としてボールを投げる準備。

ヒザを伸ばしながら、上方に腕を振りあげる。

レベルアップ

まずは、ボールを真上に投げるところからはじめます。慣れていない子どもは、どうしても手投げになってしまうので注意。腰を落として全身を使って、ボールを上方向に投げるコツをつかみましょう。落ちてきたボールを正確にキャッチするスキルも学びます。

POINT

真上にしっかりフォロースルーをとる

ボールを真上に投げるときは、全身で体を大きく使うことが大事。上手にコントロールするには、しっかり真上にフォロースルーをとる意識を持つことがポイントになる。そうすることでボールは、大きくぶれることなく落下してくるのでキャッチしやすい。

1

落ちてきたボールを
キャッチする。

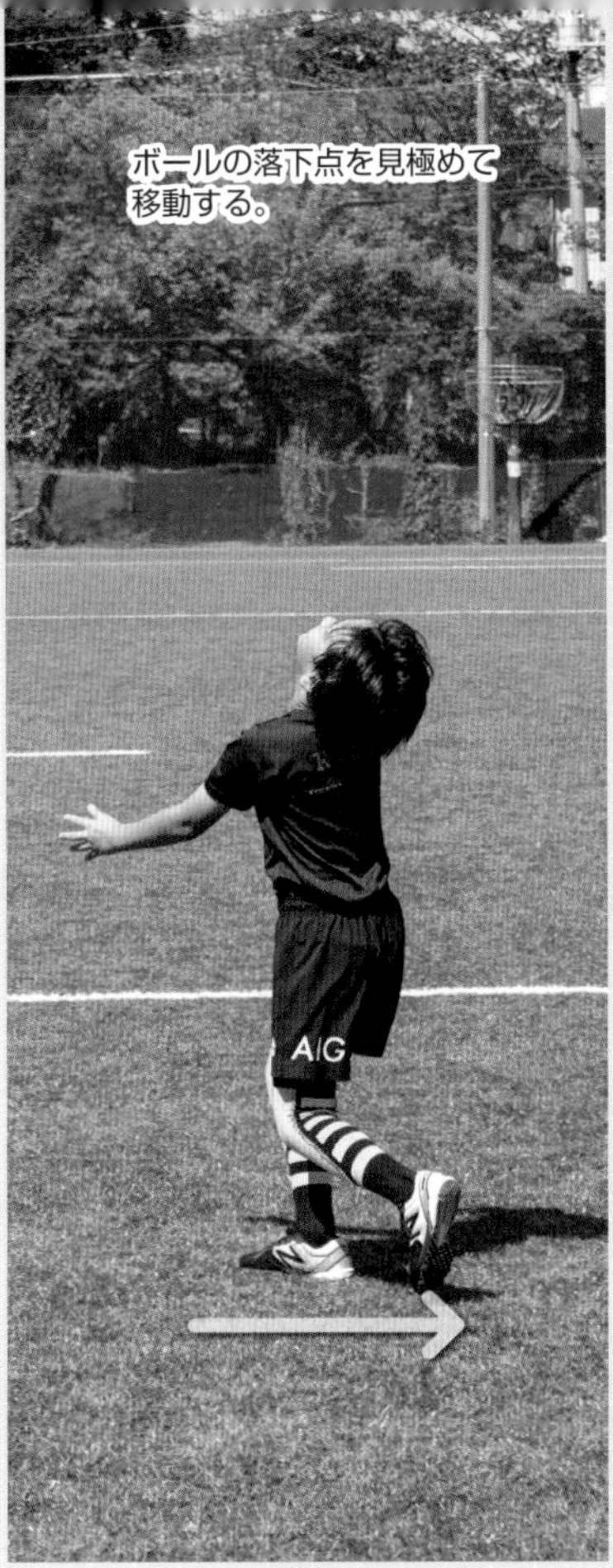
ボールの落下点を見極めて
移動する。

力の入るタイミング
でボールをリリース。

プラスワンアドバイス

自分で投げたボールをキャッチしてスキルを高める

ボールをキャッチするスキルは、球技において大切な要素。まずは自分が投げたボールに対して落下点を予測し、その地点まで移動してボールをキャッチすることからはじめる。このドリルは一人でもできるエクササイズなので、体を大きく使って取り組んでみよう。

コツ +α

真上投げ②③

キャッチの前にひとつ動作を入れる

難易度 ☆☆★

人数 1人

5分程度

手を叩いてキャッチ

全身を使ってボールを上方に投げる。

手を叩いてボールの行方を見る。

地面をタッチしてキャッチ

全身を使ってボールを上方に投げる。

ボールの行方をチェック。

手を叩きながら、落下点を予測する。

ボールの落ちてくるところに移動して捕球体勢に入る。

腕と胸でボールを包み込むようにキャッチする。

腰を落として地面を両手でタッチする。

すばやく捕球体勢に戻ってボールの落下点に入る。

ボールをキャッチする。

コツ 30

サークルパス①

円になってボールをまわしてパスを交換する

難易度 ☆☆★

人数 4～8人

30秒程度

ルール コーンを中心に参加者が円状に囲む。
お互いが均等の距離をとって、ボールをまわす。

レベルアップ

1人で行う真上投げから、複数人でボールの交換に入るドリルでは、決められた位置でプレーすることからはじめます。中心にコーンを置き、そのまわりに子どもたちが等間隔で円になります。右回り、左回りでキャッチ、パスを繰り返すことでボールハンドリングを高めていきます。

サークルパス①

1
中心にコーンを置き、円状に子どもを配置する。

2
その場でボールをキャッチ。

3
次の人にパス。キャッチ
した人は次の人にパス。

4
慣れてきたらボール
をまわすスピードを
アップする。

5
逆まわりのボールまわしもチャレンジ。

6
正確にできるだけ速くまわす。

7

コツ +α

サークルパス②

パスを出したら動いて次の捕球に備える

難易度 ☆☆★
人数 4～8人
30秒程度

中心のコーンにタッチ

1 時計周りにパスをまわす。

2 パスを出したら動いて、中心のコーンにタッチする。

3 コーンにタッチしたら元の位置に戻ってキャッチに備える。

4 隣りの人からパスをもらう。

2個のボールをまわす

1 2個のボールを時計周りにまわす。

2 パスを渡したら、すぐに捕球体勢に入る。

3 パスを受けたらすばやく次の人に渡す。

プラスワンアドバイス

隣りとの距離を適正に保つ

パスが上手にまわらないときは、隣りの人と適正な距離かどうかチェック。近すぎても離れすぎてもパスはうまくまわらない。動いた後に、距離感がかわってしまうことがあるので、常にコーンを中心に均等な距離でポジショニングするよう意識する。

コツ
31

三角パス＆キャッチ

3つのコーンを移動しながらパス＆キャッチ

難易度 ☆☆★

人数 2～6人

左右各5～10回程度

1 三角パス＆キャッチ

ルール

三角形の頂点に置かれた３つのコーン（コーン間は５ｍ程度）の中心に指導者が立ち、ボールを指導者がコーンの位置にいる子どもにパスを出す。

2

ボールを持って隣りのコーンに移動する。

3 ボールを持って移動し、次のコーンから指導者にパスをする。

止まってキャッチ、走ってパスを繰り出す。

レベルアップ

三角パス & キャッチは、自分自身が動いてパスを受けたり、パスを出したりするのでサークルパスより実戦的な動きになります。段階的には「止まった状態でパスを出す、パスを受ける」からスタートし、その後に「動きながらパス、動きながらキャッチ」にスキルアップしていきます。

動きながらパス & キャッチ

1 コーンからコーンに移動する。

2 移動したコーンでパスを受ける。

3 動きながら、ボールをしっかり見てキャッチ。

4 ボールを持ったまま、次のコーンへ。

5 走りながらパスコースを見る。

6 移動したらパスを投げる。

コツ 32

ライン2V1

有利な状況からパスをつないで攻撃する

難易度 ☆☆★

人数 3人

5〜10回程度

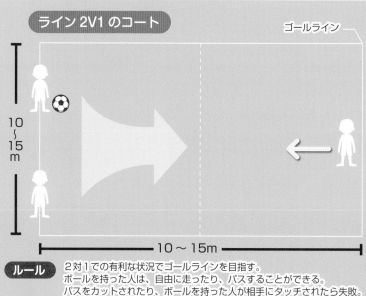

ルール

2対1での有利な状況でゴールラインを目指す。
ボールを持った人は、自由に走ったり、パスすることができる。
パスをカットされたり、ボールを持った人が相手にタッチされたら失敗。

レベルアップ

ゲーム形式の2対1でボールの受け渡しを行います。進行方向に対して、攻撃側の2人のチームがパスをつないで、ゴールラインを越えると得点というシンプルなゲームです。攻撃側が有利な状況で、まずは「パスをつなぐ」感覚を身につけます。

1 ボールを持った人が攻撃方向に走って、相手を引きつける。

2 相手を引きつけたところで味方へパス。

3 スペースに投げられたボールを味方がキャッチ。

4 そのままゴールラインまで走って得点となる。

コツ 33

ライン2V2

2対2の状況からチャンスをつくって得点する

難易度 ☆★★

人数 4人

5〜10回程度

ルール

ディフェンスを1人増やして2対2で行う。
ライン上から攻撃側の2人がゴールラインを目指す。
ボールを持った人は、自由に走ったり、パスすることができる。
パスをカットされたり、ボールを持った人が相手にタッチされたら失敗。

レベルアップ

次の段階としては、攻撃側2人に対して守備側も2人にして難易度をアップします。ボールを持っている人はもちろん、持っていない人も相手にマークされるので得点することが難しくなります。ボールを持つ人は、相手を上手に引きつけたり、持っていない人もフリーになれるようスペースを見つけることがポイントです。

プラスワンアドバイス

攻撃パターンを考えて実践する

いかに相手の守備を崩すかがポイント。攻撃2人に対して守備も2人いる状態で、マン・ツー・マンで守られると攻撃チャンスは生まれない。ボールを持った人が守備2人を同時に引きつけたり、ボールを持っていない人がフリーになれるかがカギ。チームトークで話し合おう。

POINT 1

効果的なパスで得点チャンスをつくる

持っているパススキルを生かして得点につなげることが大事。近いところでの受け渡しや頭上から遠くに投げるパス、相手の足元の地面にバウンドさせるパスなど、味方との呼吸を合わせてパス交換することでチャンスをつくる。

POINT 2

動きながらのパスとキャッチで得点する

得点チャンスをつくるには、動きながらのパスとキャッチが重要になる。パス＆キャッチのスキルとしては、難易度が高いが成功すれば得点の確率も高くなる。自分の動きや味方の動きに対して、どこでパスを投げ、どこでキャッチすることが効果的か考える。

ライン 2V2 の攻撃側

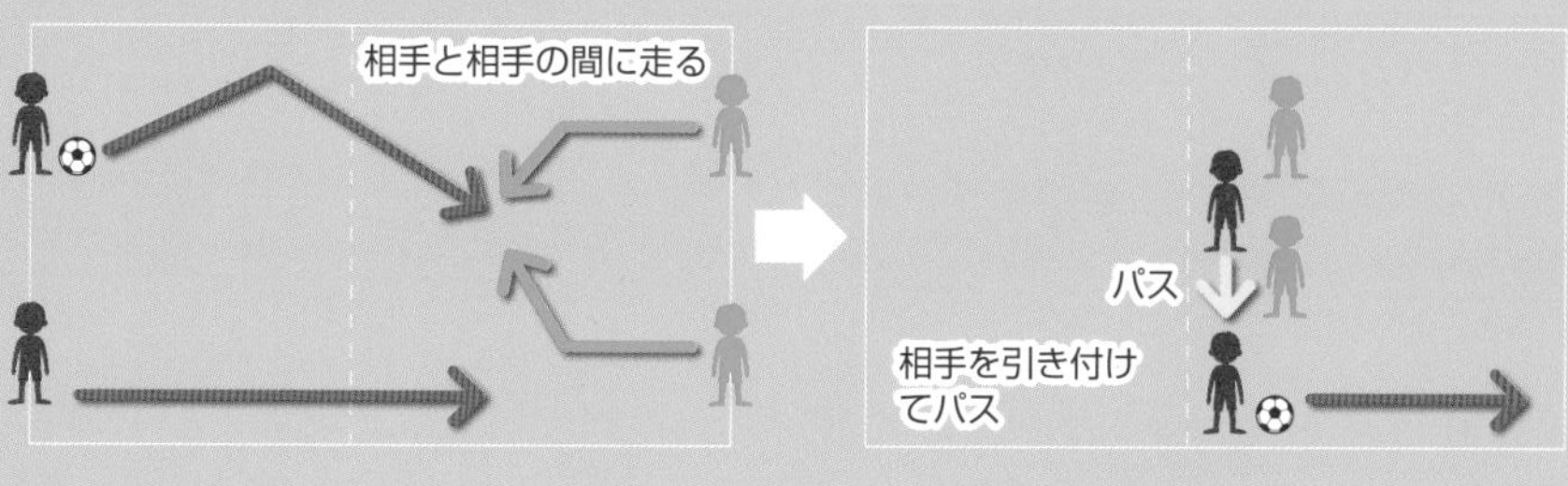
相手と相手の間に走る
パス
相手を引き付けてパス
方向転換してスペースを空ける
空いたスペースにパス
パス

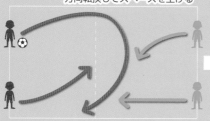

コツ 34

カウントパス①

ポジショニングを考えスペースを有効に使う

難易度 ☆★★

人数 4〜6人

1分程度

15〜20 m程度のエリアに3対3の人数が入り、ボールを持ったチームがパスをまわす。

カウントパスのコート

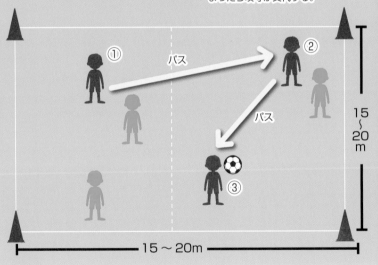

ルール パスが10回通ったら成功。パスカットされたり、ボールがエリア外に出てしまったら攻守が交代する。

レベルアップ

カウントパスは得点を競うのではなく、パスをいくつつなげるかを競うゲームです。5対5(または3対3)の人数で攻撃側と守備側に分かれてプレーします。攻撃側は相手にパスをとられないよう、ポジショニングを考え、空いているスペースをみつけながらパスをまわすスキルを身につけます。

カウントパス①

1

ボールを持っているチームは、パス成功10回を目指す。

2

ボールを持っている人は、その場から動けない。

3

まわりの人が動いてパスをもらう。

4

守備側は、ボールを持っている人を囲んでパスを出させない。

5

ボールを持っていない人は、ボールを持っている人と自分との間に相手に入られないようポジショニングする。

6

守備側はボールを持っている人とフリーの人との間に入ってパスを出させない。

7

パスカットされたり、ボールがエリアから出たら攻守を交代し、ゼロからスタートする。

8

パスが10回成功したら、そのチームの勝利。

コツ
35

カウントパス②

ボールを持つ人も動いて段階をレベルアップ

難易度 ☆★★
人数 4~6人
1分程度

1

ルール
次の段階はボールを持つ人も動くことができる。
ゲーム性が高まり、攻守の駆け引きが必要になる。

2

ボールを持っている人は、動きながらフリーの人を探してパス。

3

ボールを持っている人にプレッシャーをかけ、パスミスを誘う。

カウントパス②

1 ボールを持つ人は、自由に動くことができる。

2 相手のディフェンスをかわしながら、パスできる味方を探す。

3 守備側はボールを持つ人とフリーの人との間に入って、パスを出させない。

4 無理をしてパスを出すと、コントロールが乱れてキャッチできない。

5 タイミングよくフリーになった人がいたら、そのスペースにパスを出す。

6 パスを出したら、すぐに動き出してフリーになる。

プラスワンアドバイス

ルールのバリエーションでゲーム展開を調整する

攻守の交代には、バリエーションがある。攻撃チームが失敗しても、カウントをゼロに戻して再度、攻撃を続けるパターン。またはボールを失った時点で攻守が入れ替わるパターンなど、子どものスキルに応じてルールを決める。

全力度シート

がんばった内容をシートに書き込もう！

がんばった度合いを○△×で評価しよう

○・・・がんばった　△・・・もう少し　×・・・次はがんばろう

真上投げ（P86 ～）							
サークルパス（P90 ～）							
三角パス＆キャッチ（P94 ～）							
ライン 2V1（P96 ～）							
ライン 2V2（P98 ～）							
カウントパス（P100 ～）							

運動した日付を○に書き込もう！

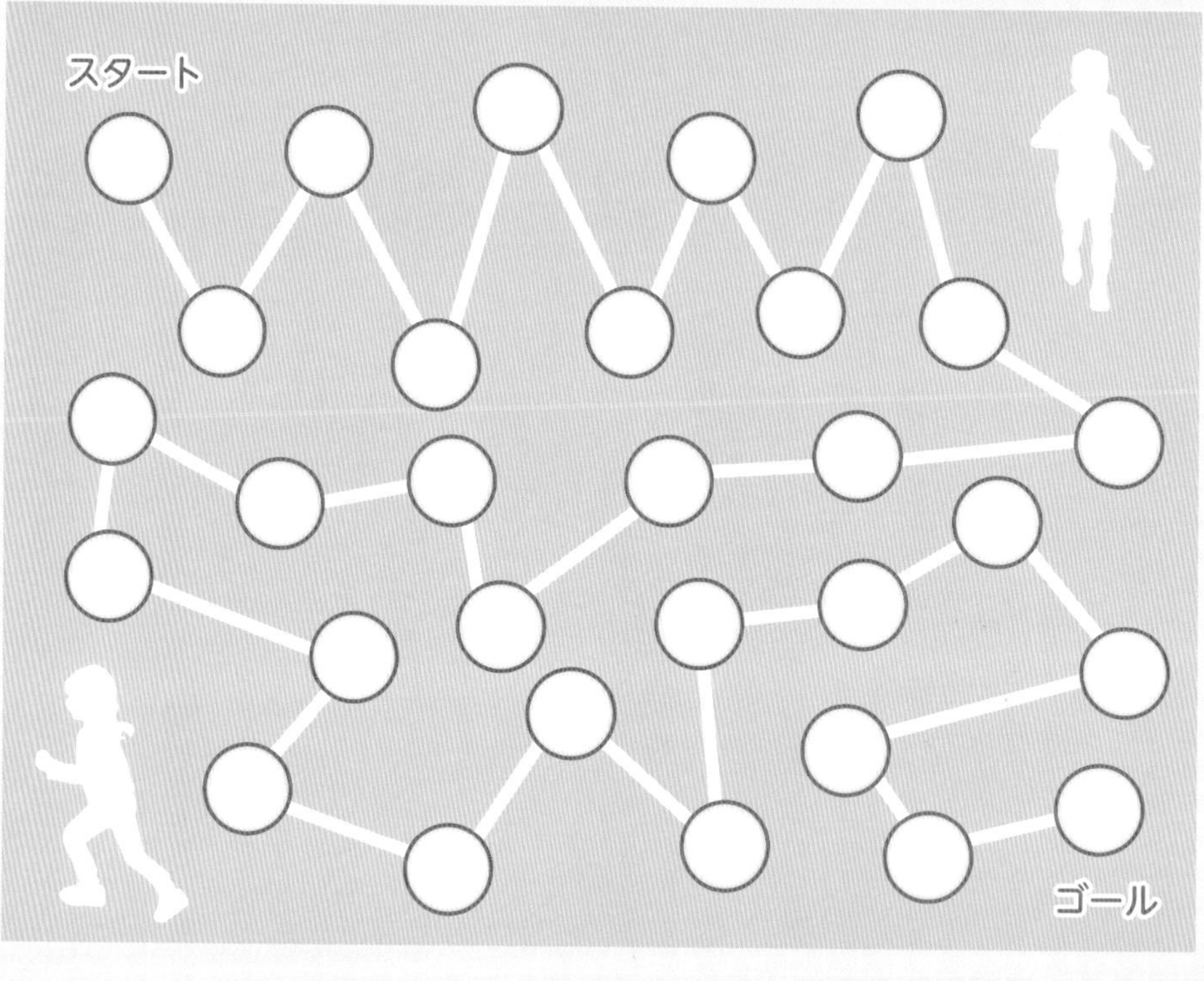

PART5
チームビルディングしながら
ゲームに取り組む

コツ 36

ゲーム

スキルを組み合わせて仲間と連携する

レベルアップ
ゲームは獲得したスキルを試す場面。多様な動きを身につけたなかで、それをいかにゲームで生かしていくか、考えながらプレーに取り組んでみましょう。

戦術や作戦を考えて仲間と実行する

ゲームの時間はこれまでにやってきたことを総合的に発揮する場となります。身体操作・出力操作・道具操作のスキルを組み合わせ、さらには仲間との連携やコミュニケーション、勝つための戦術など様々な要素も重要となります。

単純な身体能力を披露するだけの場ではなく「チームトーク」を通じて自分たちの戦力を判断し作戦を考え実行するという自走式の成長サイクルをまわしていきます。

勝ち負けで得る感情だけではなく、創意工夫を得て、問題や課題解決を自らおこない、それが大人になる前からの習慣化をしていくという経験を、運動を通じておこなっていきます。

POINT 1

やってきたことをつなげてゲームに参加する

これまでにやってきた身体操作・出力操作・道具操作という運動能力をつなげていく。ゲームの状況から、自分で判断して、それぞれの能力が発揮される場面を考え実践していく。

POINT 2

どんな能力を発揮して欲しいか指導者は明確にする

ゲームでは、ルールやタスク、フィールドの広さ、参加人数などでも大きくゲーム性が変化する。指導する側はどんな動きをして欲しいか、運動量をどのくらいにしたいかなど明確な目標設定が必要となる。

POINT 3

仲間と協力しあってジャイアントキリング

個々の運動能力では適わなくても、頭を使い、仲間と連携して勝負に勝つのもゲームの醍醐味。自分を生かし、仲間を生かすことが、ときには大きな力になることも経験できる。

プラスワンアドバイス

チームトークを取り入れて仲間と成長する

常に頭を使い、仲間とのコミュニケーションを取り、問題・課題解決に取り組むことが大事。体を使うことだけが運動ではなく、運動を通じて自分や仲間の成長を実感する習慣を身につけることを意識する。

コツ
37

ひらり2V1①

タグをつけた人が2人の相手から逃げる

難易度 ☆☆★
人数 3人
10〜15秒程度

ルール

逃げる方は、タグをお尻の後ろに 1 本取りつけてボールを持つ。
制限時間（10 秒）まで逃げ切れたら勝利。
捕まえる方は、お尻のタグを捕ったら勝利。

レベルアップ

15m X 15m 程度のエリアのなかで、タグをつけた人が逃げるゲーム。タグはお尻の後ろに 1 本取りつけます。逃げる方は、単純なスピードだけでなく、スピードの強弱や方向転換、コーナーリングなどを使って決められた時間を逃げ切ります。捕まえる方は頭を使って、2人で相手を追い込みタグを取りに行きましょう。

ひらり 2V1 ①

1 逃げる方は、決められたスペース内を自由に動く。

2 タグを捕りにくる手をかわして、相手から逃げる。

3 捕まえる方は、お尻の後ろにあるタグをつかむ。

4 方向転換しながら広いスペースに走り出す。

5 捕まえる方は、声を出して連携しながら相手の動きを止める。

6 相手が迷って止まったスキにタグを捕りにいく。

7 お尻の後ろにあるタグをつかむ。

8 タグを捕ったらゲーム終了。

コツ 38

ひらり2V1②

タグや相手の人数を増やして難易度をあげる

難易度 ☆★★　人数 3人　10〜15秒程度

タグを増やす

1 タグを腰の横に2つつける。

2 スピードで相手をかわす。

3

4 タグを捕られないよう体を動かす。

5 コーナーリングから再加速して逃げる。

レベルアップ

タグを腰の横に2本取りつけて、逃げる方の難易度をアップします。タグが2つあるので、左右からくる相手を気にしつつ、スピードの強弱や切り返し、コーナーリングなどを使って10秒間、逃げ切ります。さらに難易度をあげたいときは、捕まえる方の人数を3人にしてゲームを行います。

ひらり 2V1 ②

1 捕まえる方を３人にする。
逃げる方は、タグを腰の横に２本取りつけてボールを持つ。
制限時間（10 秒）まで逃げ切れたら勝利。
捕まえる方は、腰のタグを捕ったら勝利。

2 トップスピードで走る。

3 タグを捕りにくる手をかわして、相手から逃げる。

4 相手と相手の間に入る。

5 ストップしながらターン。

6 再度加速する。

7 時間内を逃げ切る。

コツ 39

鬼ごっこ①

できるだけタッチされずにエリア内を動いて逃げる

難易度 ☆★★

片チーム10人程度

40〜50秒程度

ルール

逃げる方は全員がボールを持って、エリア内を自由に動く。

追いかける方は、相手にタッチする。タッチされた人は、手を上げてその場から動かない。タッチされていない味方にタッチされれば、ゲームに戻ることができる。

レベルアップ

30m X 40m 程度のエリアのなかで3対3に分かれ、ボールを持ったチームが逃げるゲーム。捕まえる方は、相手にタッチします。逃げる方は三人がそれぞれボールを持っているので、個々のランニングスキルが試されます。捕まった人は、その場から動けなくなり、味方にタッチしてもらい復活できるルールです。

鬼ごっこ①

1 ボールを持って逃げる方は、決められたスペース内を自由に動く。

2 捕まえる方は、相手にタッチする。

3 タッチされた人は、手をあげてその場から動かない。

4 タッチされた人が増えると、逃げる方は数的不利な状況になる。

5 捕まった人は、味方にタッチしてもらえばゲームに復活できる。

6 相手がどこにいるのか、どのスペースが空いているのか考えながら走る。

7 ボールを持つ上半身をうまく連動させて走る。

8 逃げ切った人の人数でゲームの勝敗を決める。

コツ +α

鬼ごっこ②

ボールを1つにしてチームワークで逃げ切る

難易度 ☆★★

片チーム6～10人程度

40～50秒程度

ルール

30m X 40m 程度のエリアの中で、1つのボールをまわしながらエリア内を自由に動き、制限時間を逃げ切る。

追いかける方は、ボールを持っている人のみにタッチする。「タッチ三回」や「パスカットやパスがつながらなかったらターンオーバー」など、段階ごとにルールを改変する。

レベルアップ

逃げるチームの全員が持っていたボールを１つにします。そうすることでボールゲームの要素が一気に高まり、パスワークが逃げ切るためのポイントになります。追いかける方は、ボールを持っている人しかタッチできないため、チームでのディフェンスが求められます。

鬼ごっこ②

1 逃げる方はボールを１つにしてスタート。

2 パスワークでボールをまわして、相手にタッチされないよう逃げる。

3 フリーの味方に向けてパス。

4 追いかける方はパスコースをふさいだり、次のプレーを予測する。

5 ボールを受けたら相手を引きつける。

6 味方が捕りやすいところにパスを出す。

7 キャッチしたらすばやく相手から逃げる。

8 スペースに走り込んで時間を稼ぐ。

コツ 40

拠点ゲーム①

攻守で駆け引きしてすばやく陣地をとる

難易度 ☆★★

片チーム 6~8人

2~3分程度

ルール
30m X 40m程度のエリアの中で、相手陣にある拠点を目指す。
拠点
拠点

拠点に先に入ったチームの勝利となる。
拠点

レベルアップ

決められた拠点（ゴールエリア）内に、先に走り込んだチームの勝利となります。同人数がセンターラインをはさんで向き合い、攻撃する人は相手陣に入り、守備する人は自陣に入った相手をタッチで防ぎます。攻撃する人と守る人がうまく役割分担し、効果的なアタックを仕掛けることが大切です。

拠点ゲーム①

1 センターラインをはさんで相手と向き合う。

2 センターラインを越えたら攻撃開始。

3 自陣に入った相手をタッチで防ぐ。

4 タッチされたら自陣に戻る。

5 チャンスがあれば拠点を目指す。

6 拠点に向かって走る。

7 声でチームの連携をはかる。

8 先に拠点に入ったチームの勝利。

数的不利・有利な状況を理解して動く

難易度 ☆★★
片チーム6～8人程度
2～3分程度

レベルアップ 決められた拠点（ゴールエリア）を目指すルールは同じです。しかし、相手陣に入ってタッチされた人は自陣コーナーにあるコーンまで戻らなければなりません。このとき両チームに数的不利・有利が生まれます。この状況をすばやく判断し、攻守に連携をとることを目指します。

POINT 1

かたい守備から攻撃に転ずる

同人数がセンターラインをはさんで向き合い、攻撃する人は相手陣に入り、守備する人は自陣に入った相手をタッチで防ぐ。タッチすることができれば、数的有利が生まれ攻撃のチャンス。一気に相手陣の拠点を目指す。

POINT 2

守備をかためて数的不利を防ぐ

タッチされると数的不利が生まれる。何もしなければ相手に拠点を奪われてしまう。ほかの味方は、後ろにさがって自陣の拠点まわりをかため、守備体形をつくる。声の連携も大切になる。

コツ41

ボール運びゲーム①

ボールを持った人が全力で駆け抜ける

難易度 ★★★　片チーム6～10人程度　45～60秒程度

ルール
コートは 30m X 40m 程度のエリアで行う。ボールを持つ人は自陣ゴールラインから攻撃をスタート。相手陣のゴールラインを越えたら、自陣に戻って再度アタックを開始する。

タッチされた人は、自陣の後方ラインまで戻る。

レベルアップ

ボールを持つチームの人が全力で走り、相手陣のゴールラインを目指すゲーム。ここでは、マークする相手をかわす感覚を身につけましょう。制限時間内にゴールに到達した数を競います。ゴールを達成した人、相手にタッチされた人がコート内をランダムに動くので守備側はマークしにくく、アタック側がやや有利なルールです。

ボール運び①

1 自陣ゴールラインから前に出てスタート。

2 タッチされないよう相手をかわす。

3 マークをいかにかわすかがポイント。

4 相手をかわしてたら、そのままゴールラインを目指す。

5 ボールを持ってゴールラインを越えたら得点となる。

6 タッチされた人は、一旦自陣に戻ってからアタックを再開する。

7 すばやく自陣に戻ってアタックを続ける。

8 自陣から再度、アタックを仕掛ける。

コツ +α

ボール運びゲーム②

時間内にボールを何個運べるかを競う

難易度 ☆★★

片チーム6～8人程度

45～60秒程度

ボール運び②

ボールを持つ人は自陣ゴールラインから攻撃をスタート。

相手陣のゴールラインを越えたらボールを置き、自陣に戻って再度アタックを開始する。

レベルアップ

ボールを持って、相手陣のゴールラインを目指すルールは変わりません。ゴールを達成したらボールは、インゴールに置いたまま自陣に戻って、次のボールでアタックを継続します。ディフェンスはマークを注視し、インゴールまでボールを運ばせないよう連携して守ります。

ボール運び②

1 ボールを持って前に出てアタックをスタート。

2 相手にタッチされたらボールを持って自陣に戻り、再度アタックする。

3 ゴールラインに到達したらボールを置く。

4 自陣に戻って、次のボールを持って走る。

5 マークをかわしてゴールラインを目指す。

6 何個ボールを運べたかチームで競う。

コツ 42

ポートボール

ゴールを目指してパスをつなげる

難易度 ★★★

片チーム6～10人程度

2～3分程度

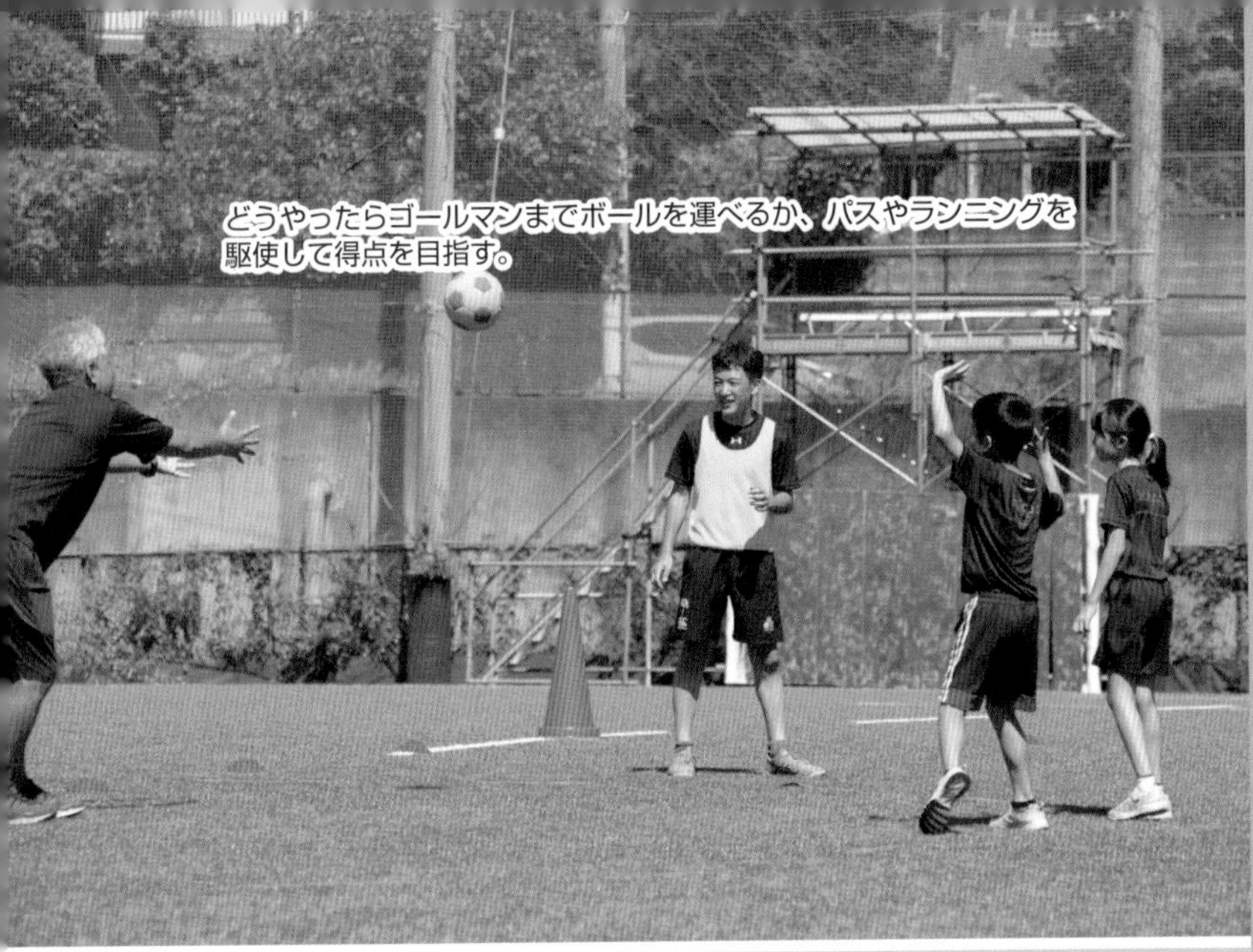

どうやったらゴールマンまでボールを運べるか、パスやランニングを駆使して得点を目指す。

ポートボールのコート

ルール　エンドライン上にゴール役となる人を置く。ボールを持ったチームは、パスをつないで相手陣にいるゴールマン（動いてはいけない）にボールを渡すと得点となる。

レベルアップ

ポートボールは、相手陣にボールをキャッチする人をゴールに見立て、そこを目指して攻撃するゲームです。アタックの目標がより明確になるため、攻撃のバリエーションが必要になります。対するディフェンスチームもゴールを奪われないための守り方を考えて取り組みます。

ポートボール

1 ボールを持ったチームがアタック開始。

2 相手にカットされないようパスをつなぐ。

3 いろいろなパスを使ってボールを投げる。

4 ボールを受けたらフリーの人にパス。

5 パスが通ったらアタックは継続。

6 ボールを持ってない選手も動いてパスをもらう。

7 ゴール前が空いていたらシュートを狙う。

8 ゴールマンがキャッチしたら得点。

コツ 43

オフサイドタッチ

スペースを上手に使って相手陣までボールを運ぶ

難易度 ☆★★

片チーム6～8人程度

2～3分程度

ルール

ボールを持つチームがパスやランを使って相手陣のゴールラインを目指す。

ボールを持った人がゴールラインを越えたら得点。

オフサイドタッチのコート

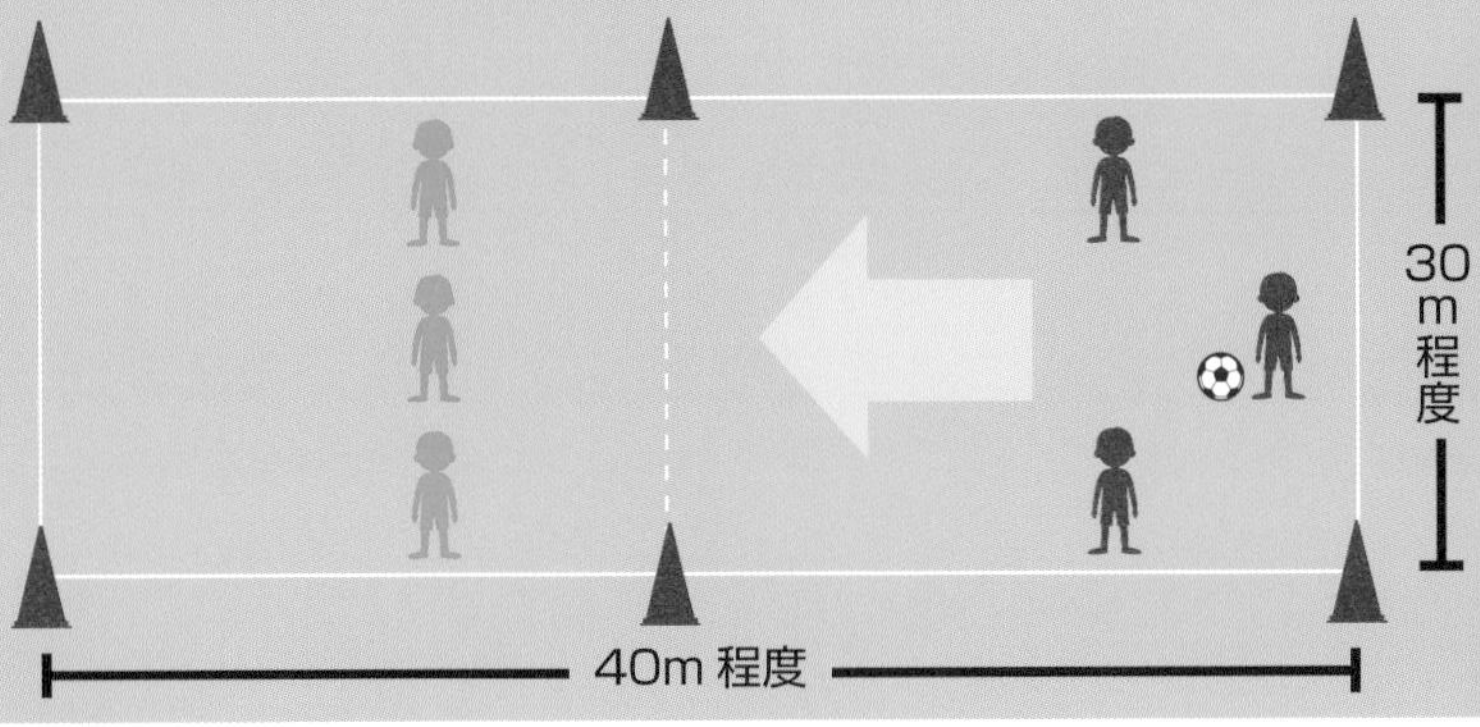

レベルアップ

ボールを持った人が、相手陣のゴールラインに入ると得点になるオフサイドゲーム。ラグビーやアメリカンフットボールの要素を含みます。アタックするチームは、ランニングでスペースを自由に使いながら、パスをつないで得点を目指します。

オフサイドタッチ

1 ボールを持つチームが攻撃する。

2 ディフェンスは前に出て相手の動けるスペースを消す。

3 引きつけてフリーの人へパス。

4 ボールを受けたら前に走る。

5 ゴールライン近くでパスを待つのも有効。

6 パスがつながらなかったらターンオーバー。

7 スピードの強弱や切り返しなどで相手をかわす。

8 ボールを持ってゴールラインを越えたら得点となる。

◆モデル

青野愛未、後藤希友、廣澤優心、宮川怜大、熊岡泰良、友井雄梧、熊岡暖大

◆協力

慶應キッズパフォーマンスアカデミー（慶應 KPA）

慶應キッズパフォーマンスアカデミー（慶應 KPA）は、小学生の「体」と「心」の成長をサポートする慶應義塾の教育研究事業として、慶應義塾大学大学院システムデザイン・マネジメント研究科がプログラムの設計と検証を担当し、慶應義塾体育会蹴球部（ラグビー部）OB/OG が中心となって設立した一般社団法人慶應ラグビー倶楽部によって運営されている取り組みである。

走る、跳ぶ、投げるなどの運動能力と、考える、話す、挑戦するなどの思考・行動能力に着目し、その能力への興味喚起と向上を目的としたマルチスポーツを対象にしたプログラムを設計している。

横浜市港北区日吉に位置する慶應義塾体育会蹴球部の人工芝グラウンドを会場とし、日本代表やトップアスリート、慶應義塾体育会各部の育成に携わるプロコーチ陣が指導に当たっている。アカデミー生の成長やプログラムの成果検証を目的として GPS 受信機などのテクノロジーや得られるデータを有効活用しており、そのデータによってアカデミー生が自身の成長や他者への理解を深め、運動能力や思考・行動能力の向上につなげる行動変容を促す仕組みやプロセスを提供している。

◆著者　廣澤崇　田原茂行
◆監修　太田千尋
パフォーマンスゴールシステム株式会社代表
慶應義塾大学大学院システムデザイン・マネジメント研究科特任助教

◆プロフィール

廣澤崇
所属：パフォーマンスゴールシステム株式会社（略称 PGS）
PGS アカデミー部門ディレクターとして慶應キッズパフォーマンスアカデミーと浦安 D- rocks アカデミーのヘッドコーチとして活動。アカデミーの立ち上げや仕組み作り、プログラムデザイン、実践指導にあたる。育成年代のみならず、慶應義塾體育會ラクロス部女子部門のフィジカルコーチとしてアスリート育成もおこなっている。

田原茂行
所属：パフォーマンスゴールシステム株式会社
国際武道大学コンディショニング科学研究室出身
慶應キッズパフォーマンスアカデミーコーチリーダー、データサイエンス部門責任者。国際武道大学非常勤職員、慶應義塾高校ラグビー部Ｓ＆Ｃコーチを経て、慶應一貫校コーチや清真学園ラグビー部、東京高校ラグビー部Ｓ＆Ｃコーチなどジュニアから学生アスリートを幅広く指導する。

12 歳までの［慶應 KPA 式］
身体操作力アップ実践ドリル
マルチスポーツで伸びる！

2024 年 1 月 30 日　第 1 版・第 1 刷発行

著　者　廣澤崇・田原茂行（ひろさわたかし・たはらしげゆき）
監修者　太田千尋（おおたちひろ）
発行者　株式会社メイツユニバーサルコンテンツ
　　　　代表者　大羽 孝志
　　　　〒 102-0093 東京都千代田区平河町一丁目 1-8
印　刷　シナノ印刷株式会社

ご意見・ご感想はホームページから承っております
ウェブサイト　https://www.mates-publishing.co.jp/

企画担当：折居かおる